아! 테스형,
세상이 왜 이래?

아! 테스형, 세상이 왜 이래?

초판인쇄 2022년 5월 24일

초판발행 2022년 5월 31일

발행인 조형준

지은이 라상규 (BIBLE 연구회)

발행처 BIBLE 연구회

이메일 hjacts76@naver.com

주소 서울 서대문구 독립문로8길 54

펴낸곳 도서출판 가화만사성

디자인 CROSS-765

총판 기독교출판유통 (031-906-9191)

출판등록 2019년 5월 14일 2019-000047

ISBN 979-11-967295-9-2 (13230)

가격 20,000원

아! 테스형, 세상이 왜 이래?

Bible 연구회 라상규

가화만사성

차례

한국 교회의 개혁과 갱신을 위해 종교개혁 500주년을 넘어 504주년을 맞고 있는 지금 우리 상황은 그간 교계의 분열과 갈등 등 이유로 인한 개신교의 신뢰 저하로 급속히 성도 수가 감소하고 있는 시점에, 더욱이 코로나19로 인해 더욱 벼랑 끝으로 몰아 한 해 동안 20~30만 명이나 감소하여 이단을 제외하면 600만 명에 불과하다는 최악의 현실에 처했습니다. 참으로 암담한 현실이라 하지 않을 수 없습니다.

이는 중세 유럽 교회의 전철을 밟고 있는 것 같아 씁쓸한 마음을 감추기 어렵습니다. 우리는 위드 코로나 시대를 앞둔 시점에서 이를 대처하기 위해서는 무엇보다 예배 회복이 급선무이며 복음 전도에 앞장서야 하는 사명감을 갖는 것이 한국 교회를 다시 살릴 수 있는 유일한 방법이라는 데 이견을 달 분이 없다고 생각합니다. 이러한 때에 라상규 님은 평신도로서 그간의 오랜 신앙생활의 각 경험과 연구 등을 토대로 본 저서를 저술하였습니다. 이 저서는 기독교에 대해 신학도 에게는 물론이요. 일반 성도와 나아가 비기독교인들에게 궁금증을 풀어줄 수 있고, 나아가 쉽게 읽어 이해할 수 있는 평이한 저서로서 꼭 누구나 읽혀야 할 필독서로 보여 적극 추천하고 싶습니다.

_김홍석 목사([미]훼이스기독대학 신대원[멀티] 총장)

오늘날은 혼돈의 시대에 살고 있다.

성경을 많이 읽어야 함은 인간의 지혜로 하나님을 알 수 없기 때문에 전도에 미련한 방법으로 구원에 이르도록 하신 말씀이 성경이다. "모든 성경은 하나님의 감동으로 된 것으로 교훈과 책망과 바르게 함과 의로 교육하기에 유익하니"(딤후 3:16)라고 하셨다.

왜 성경을 읽어야 하는가?

우리는 초대 교회의 부흥이 성경과 교회를 통해 영적 부흥으로 이어져 왔다. 그러나 지금은 교회를 멀리하고 성경을 멀리하므로 교회는 황폐해져 가고 믿는 자들의 마음 또한 피폐해져 성경 말씀과 멀어져 살고 있다. 만군의 하나님은 죄악이 만연한 이 세대에 성경 말씀을 주시고 성경 말씀을 붙잡고 영적 싸움에서 승리하며 살아가도록 말씀하셨다.

성경을 읽어야 하는 또 다른 이유는 허물어진 우리 마음에 성령의 전을 회복하고 다음 세대에게 복음을 전하는 데 게을리하지 아니하고 후세에 믿음과 소망을 심어줘야 하기 때문이다.

이 책을 많은 사람들이 읽고 예수님을 더 깊이 만나기를 원하며 지혜의 근본이신 하나님을 의지하고 성경을 올바로 이해하며 읽는 분들로 하여금 구원의 확신과 믿음의 확신이 있기를 원합니다.

나 같은 부족한 사람에게 추천인으로 참여하게 해주신 저자에게 감사드립니다.

_조정옥 목사(세종중앙교회)

BIBLE 연구회 대표 라상규님의 글을 읽으면서 신선한 충격과 감동이 밀려왔다. 왜냐하면 이 책의 제목부터가 예사로움을 너머 파격적인 기운을 몰고 왔기 때문이다. 제도권의 성직자도 전문 신학자도 아닌 한 사람의 평신도가 세속의 민생들과 함께 질고를 겪는 가운데 터져 나오는 절규로 들린다.

지역 사회의 정치, 경제 분야에서 삶의 대부분을 바쳐온 저자가 극심한 역경과 환란을 당하는 가운데 하나님의 은혜로 솟아오른 생생한 체험을 이웃과 함께 나누고자 하는 간절한 소망이 책 제목에 배어 있다. 진부한 교리에 매이거나 문자적 해석에 갇히지 않고, 생생한 은혜의 경험을 자기 고백적으로 풀어 나가는 문장들은 엄청난 설득력과 감화력을 갖고 있다.

"나는 이 글을 쓰면서 어떤 이론이나 이념을 그리고 단순한 지식을 전하려는 것이 아니다. 나에게 실제가 된 말씀을 증거하는 것이며 내가 직접 체험한 것을 중심으로 이 글을 쓰게 된 것이다. 전혀 부족함이 없는 삶이 찾아올 것을 확신한다."

창세기의 천지 창조와 인간 창조, 인간의 타락과 그 원인, 그리고 하나님의 구원 계획에 이르기까지 저자는 시종일관 생명의 관점에서 풀어 나가고 있다. 나아가 하나님의 신약 경륜 가운데 특히 요한복음을 중심으로 한 생명 안에서 주님과 연합한 구원의 비밀을 증거하고 있다.

아무쪼록 이 책은 심령이 가난하고 은혜에 굶주린 많은 영혼들에게 한 줄기 빛이 되고, 솟아나는 샘이 될 것이다.

_김윤동 교수(경북대학교)

"진심으로 축하드립니다."

우리가 세상을 살아 내면서 읽어야 할 단 한 권의 책이 있다면 그것은 단연코 '성경(聖經, The Holy Bible)'이라고 합니다. 우선은 눈과 입으로 성경을 읽지만, 그다음은 마음과 가슴과 영성으로 읽어야 한다고 합니다. 문제는 어떻게 하면 제대로 읽을 수 있는가의 방법론입니다. 그런 측면에서 교회에 나가고 기도하고, 특히 목사님의 성경에 관한 설교 말씀이 꼭 필요하기도 합니다.

잘 아시는 것처럼, '예전'이란 그리스도 이전의 시대 즉 구약시대(舊約時代)를 말합니다. 이때 영원하신 하나님께서 이스라엘 백성들에게 복을 내려 주시고 이스라엘 백성들은 그분을 '주님'으로 섬기는 옛 계약(구약)이 있었다고 알고 있습니다. 즉, 구약은 구세주 예수 그리스도의 강림을 예언하는 동시에 사람들의 마음을 준비시키기 위한 것이었다고도 보여집니다. 하나님의 말씀 자체이신 예수 그리스도는 하나님 계시의 절정이요 완성입니다. 하나님께서는 예수 그리스도를 통하여 인류와의 새로운 관계를 위하여 신약(新約), 즉 새 계약을 맺으십니다. 이때 예수 그리스도의 말씀과 행적이 무엇이며 이에 대해 인간은 어떻게 응답했는가를 적어둔 것이「신약성서」라고 교회를 통해 배웠습니다.

제가 라상규 BIBLE 연구회장님을 뵈온지 30여 년이 되어 갑니다만, 한결같이 늘 강조하시는 사항이 '예수 그리스도 섬김'에 관한 말씀입니다. 세월이 흐를수록 라상규 BIBLE 연구회장님의 말씀이 더 절실해지는 건, 결국 저 자신이라는 인간의 굴레를 벗어날 수 없고 '기독교' 안에 있는 존재이기 때문이기도 합니다.

이번에 라상규 BIBLE 연구회장님께서 견실한 신앙생활을 바탕으로 탁월

한 식견과 경륜을 함께 담아 성경 관련 좋은 책을 출간하게 되어, 단순 '축하' 이상의 큰 의미와 가치와 소중함을 말씀드리지 않을 수 없습니다. 감히, 라상규 BIBLE 연구회장님의 주옥같은 서적을 성경과 함께 읽음으로써 하나님을 더 가까이 더 귀한 분으로 섬길 수 있으리라고 판단합니다.

하나님께서는 교회 안에 전해 오는 성경과 성전을 통하여 교회로 하여금 모든 시대 모든 사람에게 당신을 알게 하십니다. 하나님께서는 오늘도 교회 안에서 성경을 통하여 우리에게 말씀을 전해 오시고 우리를 부르고 계시다고 단언합니다. 기독교 성도뿐만이 아니라 성도가 아닌 분들에게도, 전 인류의 영원한 베스트셀러인 '성경'을 읽을 때, 라상규 BIBLE 연구회장님의 새 책이 보다 큰 안내서와 지침서로 성경과 함께 오래도록 읽혀지고 널리 사랑받기를 감히 소망해봅니다. 하나님 말씀에 관한 귀한 서적의 출간, 거듭 축하드립니다. 감사합니다.

_**이명수**(충남 아산시 갑 국회의원, 천주교)

나는 예수를 그의 존재적 위치가 진실해서 따르고 있다. 십자가에 못 박혀 내려오지 못하고 죽으신 예수, 이 사람 안에 사람의 정체성과 연합의 비밀이 발견되어 참 변화를 받았다. 라상규 님의 이 책 안에 이 사람을 볼 수 있어서 감사하다.

_**이영화**(대구지방법원 부장판사)

서문

이미 오래전에 현자 '소크라테스'는 '너 자신을 알라'라고 설파하였다. 그때 제자 하나가 스승에게 물었다. 그러면 스승님은 자기 자신을 아십니까? 소크라테스는 그 제자에게 이렇게 말했다.

"나도 나 자신을 모른다. 그러나 나는 나 자신을 모른다는 사실을 안다"라고 말했다. 이 말이 왜 유명한 말인가?

우리 모든 인생(사람)은 자기 자신을 모르는 존재라는 것을 소크라테스는 알고 있었기 때문이다. 우리 모든 인생(사람)들은 자기 자신을 모른다는 것조차 모르고 있다는 것을 일깨워 준 말이라는 점에서 위대한 발견이라 할 수 있다. 그렇다. 우리 모든 사람들은 자기 자신을 모른다. 자기 자신을 모를 뿐 아니라 자기 자신을 모르고 있다는 것조차 모른다. 이것이 인생의 한계요, 사람의 위치다. 그런데 지금 세상은 어떠한가? 과학이 상상할 수 없을 만큼 발달하였고 꿈에 그리던 달나라에 사람이 다녀온 지도 오래되었다. 이제 곧 화성에 다녀올 날도 머지않았다.

뿐만 아니다. 컴퓨터와 인공지능의 개발로 상상을 초월하는 세상이 되었으며 앞으로 세상이 어떻게 변할지 예측하기 어려울 정도로 발전하였다. 그런데 이에 비하여 우리들의 삶은 어떠한가? 이전보다 더 행복해졌는가? 더 평안한가? 결코 그렇다고 할 수 없을 것 같다. 무엇인가 더 불안하고 두렵고 우울하고 갈수록 더 포악해지고 복잡한 세상이 되었다. 오늘날 뉴스를 보라! 나는 옳고 너는 틀렸다고 서로 삿대질하며 싸우는 것이 일상이 되어 버렸다.

세상이 왜 이렇게 되었는가? 사람들은 나름대로 이래서 그렇다 저래서 그렇다고 말은 하고 있지만, 그것은 이론일 뿐 정확하게 알 수가 없다. 나 자신을 모르는 인생이 세상을 어떻게 알 수 있겠는가? 여기에 인생의 고민이 있다. 그렇다면 나 자신이 누구인지? 세상이 왜 이렇게 되었는지를 알 수 있는 길은 없는 것인가? 다행히도 그 길은 있다. 분명히 길이 있다. 그런데 사람의 머리로는 알 수가 없다. 왜 그런가? 사람은 피조물이기 때문이다. 피조물이 어떻게 창조주의 마음을 알 수 있겠는가? 알 수가 없는 것이 당연하다. 사람은 피조물이다. 피조물인 사람이 창조주의 생각을 알 수 있는 길은 창조주 그분이 우리에게 알려 주시는 그 말씀 안에서 알 수가 있다. 이것만이 나 자신을 알고 세상을 알 수 있는 유일한 길이다. 오직 이길 밖에 없다. 사람이 그것을 인정하든 안 하든 오직 이길 밖에 없다. 사람은 피조물이라는 것을 인정하지 않는 사람은 창조주의 말씀을 들을 수가 없다. 모든 것에는 원인이 있고 결과가 있다. 원인 없는 결과는 없다. 그 근본을 알아야 한다. 가지만 붙잡고 판단해서는 답이 없다. 나의 근본을 알면 세상의 근본도 알게 된다. 그 근본부터 확실하게 알고 나면 어떻게 길이 보이지 않겠는가? 나는 이 글을 쓰면서 어떤 이론이나 이념을 그리고 단순한 지식을 전하려는 것이 아니다. 나에게 실제가 된 말씀을 증거하는 것이며 내가 직접 체험한 것을 중심으로 이 글을 쓰게 된 것이다. 이 말씀을 머리로만 알아듣는 지식에 그치지 말고 먹는 말씀이 되기를 바란다. 이 말씀을 먹어서 말씀과 내가 하나가 되면 옛 나는 끝이 나고 새로운 나로 탄생하게 된다. 말씀으로 거듭난 사람은 새로운 피조물이며 새사람이 될 것을 확신한다. 이 글을 묵상하면서 읽기를 바란다. 이 말씀을 확실하게 먹은 사람은 새로운 인생이 시작될 것이다. 나의 깊은 곳에서 기쁨이 솟아나고 새 소망이 보이며 그동안 경험해 보지 못한 평안과 안식이 찾아올 것이다. 전혀 부족함이 없는 삶이 찾아올 것을 확신한다.

뿐만 아니라 우울증에 빠져 있을 사람은 여기에서 해방되고 기쁨이 찾아올 것을 확신한다. 소망이 없는 사람에게는 영원한 소망이 샘솟을 것이다. 이 글을 읽는 분들은 마음속으로 음미하면서 천천히 읽기 바란다.

어두움에서 광명이 찾아오고 감사가 마음속 깊은 곳에서 솟아날 것이다. 분명히 그렇다. 나의 경험에서 볼 때 다른 길은 없다.

오직 이 길뿐이다. 영생의 길이 여기 있다. 이 글을 읽는 모든 분들에게 하나님의 은혜로 복된 삶이 되기를 진심으로 기원한다.

Bible 연구회
대표 **라상규**

1. 아! 테스형,
세상이 왜 이래?

나성도:

소크라테스 형! 정말 오랜만입니다. 이렇게 만나 뵙게 되어서 기쁘고 반갑습니다. 그동안 궁금한 것이 많아서 꼭 한번 뵙고 싶었는데…. 오늘에서야 그 소원을 이루게 되었습니다. 정말 반갑습니다.

테스형:

나를 그렇게 환대해 주니 고맙네. 난들 모든 것을 알 수는 없지만, 그동안 내가 경험하고 아는 범위 내에서 솔직하게 답변을 해 보겠네. 모르는 것은 모른다고 할 것이니 서로 협력해서 같이 노력해 보세나.

나성도:

지금 우리가 사는 세상은 테스형이 살던 그 세상과는 비교도 안 될 만큼 과학이 발전하였고 물질이 풍요로운 세상이 되었습니다.

과학의 발달로 사람이 달나라를 이미 다녀왔고 이제는 화성에 갈 날이 머지않은 것 같습니다. 컴퓨터가 개발되어 사람으로서는 도저히 할 수 없었던 일을 척척 해내고 자동화 기계가 발달해서 옛날에 비하면 사람들은 말할 수 없을 만큼 편해졌습니다. 그런데도 세상은 더 악해지고 범죄는 날로 늘어가고 사람들은 더 이기적이고 자기만 아는 세상이 되었습니다. 마음에는 평안히 없고 두려움과 우울증에 시달리고 있습니다. 세상이 왜 이렇게 되어가는지 궁금합니다.

테스형:

참 어려운 질문이네. 솔직히 나는 내가 누구인지? 나 자신도 몰라서 일찍이 '너 자신을 알라'라고 말한 적이 있었지. 나 자신도 모르는 내가 어찌 세상을 다 알 수 있겠는가? 사람의 머리로는 불가능하네.

나성도:

사람의 머리로는 세상을 알 수 없다면 무슨 다른 길은 없을까요?

테스형:

글쎄⋯. 나도 뒤늦게나마 깨달은 것이 있네. 사람이란 존재는 피조물이라
는 것을 깨달았다네. 그러니까 피조물인 사람이 자기 자신을 모르는 것이
당연하다고 인정을 하게 되었다네.

나성도:

피조물인 사람이 알 수 없는 일이라면 사람을 지으신 창조주 하나님만이
알고 계신다는 말씀인가요?

테스형:

그렇다네. 천지를 창조하시고 사람을 지으신 하나님만이 알고 계시는 일이
고 피조물인 사람은 그분께서 알려 주시는 만큼만 알 수 있다네.

나성도:

설명을 듣고 보니 참 그렇겠구나 하고 수긍이 가네요. 그런데 보이지 않으
시는 하나님의 말씀을 어떻게 들을 수 있을까요?

테스형:

예수님이 이 세상에 사람으로 오시기 전 구약시대에는 모세, 엘리야, 이사
야 같은 선지자들을 통하여 하나님의 말씀을 전해 들을 수 있었고, 예수님

이 이 세상에 오신 후에는 제자들이 예수님께 들은 말씀들을 기록하여 우리에게 전해 주게 되었기 때문에 우리가 하나님을 알 수 있는 길이 열려 있다네.

나성도:

하나님의 말씀인 성경 책에는 주로 어떤 내용이 나오는지요?

테스형:

성경의 주된 내용은 하나님이 천지 만물을 창조하시고(창 1:1), 그리고 하나님이 자기 형상 곧 하나님의 형상대로 사람을 창조하시되 남자와 여자를 창조하셨지(창 1:27). 여호와 하나님이 동방의 에덴에 동산을 창설하시고 그 지으신 사람을 거기에 두셨다네. 그러나 첫 사람 아담은 하나님이 따 먹으라는 생명나무 열매는 따 먹지 않고 사탄이 따 먹으라는 선악과를 따 먹음으로써 죄와 사탄의 존재로 타락하고 말았다네. 이로 인해서 하나님과 함께 영생 복락을 누리도록 창조된 사람이 에덴동산에서 더 이상 살 수 없는 존재가 되어 에덴동산에서 쫓겨나게 되었지.

이로 인하여 사람은 이마에 땀을 흘려야 먹고 살 수 있는 신세로 전락하게 되었고 모든 고통이 시작되었고 죄로 인하여 죽음이 찾아오게 되었다네. 에덴동산에서 하나님과 함께 즐기면서 영원히 살아야 할 사람이 이렇게 비참한 운명이 되었으니 이 얼마나 불쌍한 일인가!

나성도:

하나님께서 이 불쌍한 사람을 그냥 내버려 두시지는 않을 것 같은데요?

테스형:

하나님은 사랑이시라네. 사랑이신 하나님이 죄와 사망의 존재가 된 사람을 구원하시기 위하여 독생자 예수님을 이 세상에 사람으로 태어나게 하시어 인류의 모든 죄를 짊어지고 십자가에서 죽으시고 부활하심으로써 모든 인류를 그 죄에서 완전히 구원하셨다네. 이 얼마나 기쁜 소식인가!

나성도:

구원을 받은 사람들은 다시 에덴동산에서 살 수 있게 되나요?

테스형:

예수님의 부활 생명으로 다시 태어난 사람들은 하나님과 함께 더 좋은 에덴동산에서 살 수 있게 된다는 말씀이네. 자세한 것은 성경 공부를 통해서 알아보기로 하세.

나성도:

성경을 통하여 하나님의 말씀을 들으면 나 자신이 누구인지 그리고 세상이 왜 이렇게 되었는지를 알 수가 있는지요?

테스형:

성경은 신비하리만큼 우리 자신이 어떤 존재인지, 지금 어떤 위치에 있는지를 너무나 분명하고 구체적으로 말씀하고 계시네. 나도 성경을 통하여 나 자신을 확실하게 알 수 있게 되었네. 사람이 선악과를 먹고 사탄의 사람이 되었기 때문에 이 세상에는 고통과 죽음이 찾아오게 된 것도 성경은 자세히 설명해 주고 계시네. 그러나 실망할 것은 없네. 우리를 사랑하시는 하나님은 사탄을 짓밟고 승리하셔서 우리를 구원하시는 예수님에 관한 말씀이 성경이라네. 그러니 성경 말씀을 믿고 따라가 보세. 이 얼마나 복된 말씀인지 알게 될 것을 확신하네.

2. 성경

나성도:

성경책은 어떤 과정을 거쳐서 기록되었나요?

테스형:

모든 성경은 하나님의 감동으로 되었다네. 사람에 의해서 쓰여졌지만 다만 사람은 도구일 뿐 실제로 성경의 저자는 하나님이시지. 성령이 이끄시는 대로 사람이 쓴 책이 성경이라네. 성경은 생명의 책이며 구원의 책이라네. 한마디로 예수 그리스도에 관한 책이지.

나성도:

성경은 몇 권의 책으로 되어있는지요?

테스형:

성경은 구약과 신약으로 구분할 수 있으며 구약은 39권, 신약은 27권으로 총 66권으로 구성되어 있다네.

나성도:

성경이 기록된 연대는 얼마나 되는지요?

테스형:

구약성경은 예수님 오시기 전 약 1,500년 전부터 쓰여졌다고 보는 견해가 많고, 신약성경은 예수님이 오신 후 약 100년 이내에 완성된 것으로 추정한다면 지금으로부터는 약 3,500년 전부터 기록된 것으로 보아야겠지.

나성도:

성경을 기록한 사람들은 몇 명이 될까요?

테스형:

구약성경의 기록자들은 모세, 예레미야, 이사야 등 많은 선지자들에 의하여 기록되었고 신약성경은 예수님의 제자들 마태, 마가, 누가, 요한, 베드로, 야고보 등에 의하여 기록되었으며, 그 외에 예수님의 직접 제자가 아닌 바울 사도에 의하여 기록된 책이 신약성경의 많은 부분을 차지하고 있다네. 대략 성경의 기록자는 40명 내외로 보는 견해가 많다네. 그러나 성경의 저자는 하나님 자신이며 사람들은 성경의 기록자일 뿐이라네.

나성도:

성경의 주된 내용은 무엇인가요?

테스형:

창세기 1장 1절에서는 '태초에 하나님이 천지를 창조하시니라'라고 선언을 하셨다네. 그리고 그다음에는 천지 창조의 단계를 설명하였고 맨 마지막 단계에 사람을 창조하셨다네. 하나님이 자기 형상 곧 하나님의 형상대로 사람을 창조하시되 남자와 여자를 창조하셨지(창 1:27). 그리고 여호와 하나님이 동방의 에덴에 동산을 창설하시고 그 지으신 사람을 거기에 두셨다네(창 2:8). 에덴동산 가운데에는 생명나무와 선악을 알게 하는 두 나무를 두셨는데 하나님이 아담에게 명하시기를 동산 각종 나무의 실과는 네가 임의로 먹되 선악을 알게 하는 나무의 실과는 먹지 말라 네가 먹는 날에는 정녕 죽으리라 하셨다네. 그런데 첫 사람 아담은 사탄의 꼬임에 빠져서 하나님의 명령을 거역하고 선악과를 따 먹고 말았다네. 그로 인하여 이 세상은 죄와 사망의 세상이 되었고, 첫 사람 아담은 하나님과 함께 영생 복락을 누렸던 에덴동산에서 쫓겨나는 비참한 운명이 되었다네.

나성도:

아담의 죄로 인하여 에덴동산에서 쫓겨난 인생들을 하나님은 어떻게 구원하시는지요?

테스형:

하나님이 세상을 이처럼 사랑하사 독생자를 주셨으니 이는 저를 믿는 자마다 멸망치 않고 영생을 얻으리라(요 3:16) 하셨지. 하나님께서는 죄인 된 우리를 사랑하셔서 그 외아들 예수님을 이 세상에 보내셔서 십자가를 통하여 우리를 구원해 주셨다는 기쁜 소식이라네.

나성도:

아담의 죄 때문에 잃었던 에덴동산은 어떻게 회복이 되는지요?

테스형:

예수님이 십자가에서 죽으시고 부활하심으로 우리 죄를 말끔히 해결해 주시고 죄로 죽었던 우리를 부활 생명으로 다시 살리시어 하나님의 자녀로 삼아 주셨다네. 이제는 하나님과 함께 영생 복락을 누릴 수 있는 더 나은 에덴동산의 길이 회복되었지. 할렐루야!

나성도:

우리나라 교회에서는 전도, 봉사, 헌금을 주로 강조하기 때문에 성경을 기초부터 배우기가 어려운 실정이고 대부분의 신자들은 성경은 몰라도 신앙생활을 잘 할 수 있다고 믿는 사람들이 대부분인데 어떻게 해야 성경을 배울 수 있는지요?

테스형:

성경은 아무리 머리가 좋은 사람이라도 혼자 읽어서는 알 수가 없는 책이라네. 왜냐하면 성경 말씀은 이 세상에 관한 지식의 말씀이 아니고 하나님 나라에 관한 말씀이고 영적인 말씀이기 때문에 그렇다네. 성경은 반드시 꼭 좋은 지도자를 찾아서 만나기를 바라네. 좋은 지도자에게서 올바로 배우지 않으면 위험할 수도 있다네.

나성도:

성경을 배우기 위하여 어떻게 해야 좋은 지도자를 만날 수 있을까요?

테스형:

좋은 지도자란 그 사람의 직분이 목사님이든 아니면 평신도이든 그 직분이 중요한 것이 아니라 실제로 본인이 성령으로 거듭난 체험이 있는 사람에게서 성경을 배워야 해. 예수님을 먹어 본 사람, 말씀을 먹어 본 사람에게서 배우는 것이 매우 중요하지.

성경 말씀은 지식에서 끝나면 아무 소용이 없어. 성경 말씀은 먹는 말씀이야. "예수께서 이르시되 내가 진실로 진실로 너희에게 이르노니 인자의 살을 먹지 아니하고 인자의 피를 마시지 아니하면 너희 속에 생명이 없느니라

(요 6:53)." 하나님의 말씀은 그 말씀이 영이요 생명의 말씀이기 때문이지.

나성도:

현실적으로 대부분의 기독교 신자들이 자기 교회 목사님의 말씀만 정통이고 다른 교회 목사님들의 말씀은 듣는 것조차 꺼려하는 실정이라 좋은 지도자를 만나기가 어려운 실정입니다. 어떻게 하면 좋을까요?

테스형:

성경을 배우려는 당사자가 정말로 성경을 배우려는 간절함이 있느냐 아니면 적당하게 교회에 다니는 것에 만족하느냐가 문제라네. 요즘은 성경을 배울 수 있는 환경이 얼마나 좋은가! 기독교 방송을 통해서도 배울 수 있는 길이 열려 있고 좋은 서적도 많고 또 유튜브 방송을 통하여도 배울 수 있지. 그런데 자기가 다니는 교회만 옳다고 고집하는 것은 우물 안 개구리의 형편이고 어리석은 생각이라네. 정말로 본인이 성경 말씀으로 거듭나고 싶은 열망이 있는가? 그런 간절함이 있는 사람은 반드시 좋은 지도자를 만날 수 있지. 찾으면 찾을 것이고 두드리면 열릴 것이야.

나성도:

성경을 배우는 데 주의할 점은 무엇인가요?

테스형:

성경 말씀은 창세기 1장에서부터 3장까지를 철저하게 배우는 것이 중요하다네. 기초를 소홀히 배우는 사람은 진전이 없다네. 이 세상은 자연의 세계를 보면 알 수 있다. 콩 심은 데 콩 나고 팥 심은 데 팥이 난다고 하지 않나.

이것이 자연 세계의 원리라네. 하나님은 참된 원리 진리이시지. 하나님의 말씀은 진리의 말씀이기 때문에 그 원리를 알고 나면 생각보다 쉽고, 읽으면 읽을수록 기쁨이 솟아나고 생명의 충만함이 이루어진다네.

나성도:

성경은 읽을수록 신비한 책이라고 생각이 됩니다. 그렇게 오랜 세월 여러 사람에 의하여 쓰여졌는데, 어떻게 창세기부터 요한계시록까지 한 사람에 의하여 쓰여진 것처럼 일맥상통할 수가 있는 걸까요? 성경을 읽으면 읽을수록 신비하다, 참 신비한 책이라고 느껴집니다.

테스형:

성경은 읽으면 읽을수록 정말 하나님이 쓰셨구나 하고 감탄하게 되고, 성경 말씀이 꿀송이보다 더 달다는 말씀이 이해가 될 것이라네. 자네도 그런 사람이 되기를 바란다네.

3. 천지 창조

나성도:

"태초에 하나님이 천지를 창조하시니라(창 1:1)"라고 하나님이 천지를 창조하신 것을 성경 첫머리에 두신 것은 중요한 의미가 있을까요?

테스형:

천지를 창조하셨다는 것은 우주 만물을 창조하셨다는 내용이라네. 이 말씀은 매우 중요한 말씀이라네. 하나님이 천지를 창조하셨다는 말씀을 못 믿는 사람은 하나님의 존재를 믿지 않는 사람이지. 하나님만이 천지를 창조하셨다고 선언하실 수가 있다네. 살아 계신 하나님은 하늘에만 계시지 않고 지금 우리와 함께 계시고 우리 안에 계신다네. 이 사실이 믿어져야 성경 말씀이 믿어지기 때문에 매우 중요하다네.

나성도:

지금도 학교에서는 진화론을 가르치고 있으며 대부분의 사람들이 그런 교육을 받으며 자랐기 때문에 진화론을 믿는 사람들이 더 많은 것 같습니다. 교회에 다니는 사람들까지도 이에 대하여 확신이 없어 보이는데요?

테스형:

피조물인 사람이 천지 창조를 알 수 있다고 생각하는 것부터가 잘못된 것이라네. 피조물인 사람이 알 수 있는 길은 창조주이신 하나님이 말씀으로 열어 보이는 만큼만 알 수 있다네. 물론 모든 만물은 진화를 하고 있지. 그러나 그 진화는 환경에 적응하기 위하여 진화하는 것이기 때문에 창조가 이루어진 후에 일어나는 일이라는 것을 인정해야 할 것이라네.

나성도:

지금 세상에는 아메바가 진화해서 되었다는 진화론도 있고 빅뱅 이론도 있고 인연설도 있습니다. 많은 이론이 있으나 어느 것 하나 증명이 아닌 설일 뿐입니다. 왜 그런가요?

테스형:

아메바가 진화해서 이 세상이 생겨났다면 그 아메바는 어떻게 생겨났는지에 대한 설명이 불가능하게 되고, 빅뱅 이론이나 인연설도 일리는 있으나 빅뱅이 일어나기 전의 씨앗이 되는 근본은 어디로부터 생겨났는지 설명을 할 수가 없다네. 이 모든 이론들은 피조물인 인간으로서는 알 수가 없는 일이기 때문에 그냥 인간의 생각으로부터 나온 것을 주장해 보는 것일 뿐이라네. 그러니까 설일 뿐인 것이지.

나성도:

"창세로부터 그의 보이지 아니하는 것들 곧 그의 영원하신 능력과 신성이 그가 만드신 만물에 분명히 보여 알려졌나니 그러므로 저희가 핑계하지 못할지니라(롬 1:20)"라는 로마서의 말씀을 들어 보면, 모든 만물을 보면 보이지 아니하는 하나님의 영원하신 능력과 신성을 분명히 알 수 있다고 합니다. 이 말씀을 어떻게 생각하시는지요?

테스형:

길가에 피어있는 꽃 한 송이를 보아도 어떻게 저 아름다움이 저런 색깔이 향기가 나올 수 있을까? 공중에 나는 새 한 마리가 살아가는 모습을 보고 있노라면 자기 새끼를 먹이고 기르기 위하여 애쓰는 모습이나 모든 위험을 무릅쓰고 자기 새끼를 지키는 것을 보고 있노라면 누가 가르쳐 준 바도 없는데 저런 마음이 어디에서 나오는 것일까? 연어의 일생을 보면 더욱 그렇다네. 자기가 태어난 강에서 수만 리 바다에 나가 살다가 산란기가 되면 온갖 어려움을 무릅쓰고 다시 자기가 태어난 그 강으로 어김없이 찾아와 산란을 하고 일생을 마치는 모습을 보면 도대체 이것이 어떻게 가능한 것인가? 이것을 어떻게 우연히 생겼다고 말할 수가 있단 말인가? 이 모든 것을 보건대 모든 만물이 창조주 하나님이 부여하신 각각의 생명대로 살아가고 있다는 것을 어떻게 부정할 수가 있을까? 성경을 배우고 접하다 보면 볼수록 모든 사건과 일속에서 살아 계신 하나님의 손길을 느낄 수 있으며 감탄이 절로 나온다네. 이렇게까지 세밀하신 하나님 그리고 신실하시고 틀림이 없으신 하나님은 말로는 다 표현할 수가 없다네. 하나님이 천지를 창조하시고 사람을 지으시고 섭리하고 계심을 더욱 확실하게 볼 수 있다는 것을 확신한다네. 믿음을 가지고 성경을 통하여 자네도 하나님을 만나게 되기를 그리고 이 길을 함께 걸어가게 되기를 바란다네.

4. 영. 혼. 몸

나성도:

무엇이든지 근본부터 알아가는 것이 필요하다고 봅니다. 성경에서는 사람을 어떻게 설명하고 있는지부터 알고 싶습니다.

테스형:

데살로니가전서 5장 23절에는 사람이 영과 혼과 몸으로 되어 있음을 알려주고 있다네. 사람의 머리로는 알 수 없는 일이지. 우리를 창조하신 하나님께서 알려 주셨기 때문에 알 수 있는 것이라네.

나성도:

사람이 동물과 다른 점은 무엇인가요?

테스형:

사람과 동물은 일차적으로 같은 존재이지. 그러나 동물에게는 영이 없다네. 모든 피조물 중에 사람에게만 영이 있다네. 그래서 사람을 만물의 영장이라고 말을 하지.

나성도:

그러면 영과 혼과 몸 가운데 먼저 영의 역할이 무엇인지 알고 싶습니다?

테스형:

사람의 영은 비물질적인 실제이기 때문에 모든 것을 알기는 어려운 일이라네. 영에 대하여 여러 가지 설이 있는 것도 사실이지. 영과 혼을 하나로 영혼으로 사용하기도 하지. 그러나 일반적으로는 영과 혼과 몸으로 보는 견해가 일반적이라네. 사람에게만 하나님이 영을 부여하신 것은 영이신 하나님이 사람 안에 들어오시기 위하여 영이라는 그릇을 부여하셨다고 설명할 수 있다네. 하나님은 홀로 계시기를 원치 않으시고 사람과 짝을 이루시기를 원하신다네. 사람과 하나 되기를 원하시는 것이지. 성경에서는 영을 속사람이라고도 하고 양심으로 부르기도 한다네.

나성도:

사람의 어떠함은 영의 어떠함에 따라서 좌우되는 것인가요?

테스형:

영(spirit)은 사람의 중심이고 주인의 자리이고 왕이라 할 수 있다네. 그러므로 영이 어떠한 위치에 있느냐에 따라서 혼과 몸이 지배를 받고 영향을 받는다네. 하나님께서는 사람에게만 선택할 수 있는 자유를 주셨지. 동물들은 주어진 본능대로만 살아갈 뿐이지. 사람의 위대함은 선택할 수 있는 자유를 허락하신 데 있다네. 사람의 영 안에 하나님의 생명이 들어와서 하나로 연합이 되면 그 사람은 하나님의 사람이 된다네. 성경에서는 사람과 하나님이 연합된 관계를 하나님의 자녀, 하나님의 종 또는 신랑과 신부 관계로, 아내와 남편 관계로 표현하고 있다. 이런 여러 가지 표현은 사람과 하나님이 하나로 연합된 관계를 우리가 이해할 수 있도록 그때 그 상황에 따라서 표현한 것뿐이지. 같은 말의 다른 표현이지.

나성도:

사람의 영 안에는 사탄도 영적 존재이기 때문에 들어올 수 있는 것이 아닌가요?

테스형:

사탄도 영적 존재이기 때문에 사람의 영 안에 들어올 수가 있다네. 사람이 하나님의 생명을 받아들이느냐 사탄을 받아들이느냐에 따라서 운명이 결정된다네. "너희 자신을 종으로 내주어 누구에게 순종하든지 그 순종함을 받은 자의 종이 되는 줄을 너희가 알지 못하느냐 혹은 죄의 종으로 사망에 이르고 혹은 순종의 종으로 의에 이르느니라"(롬 6:16)라는 이 말씀대로 하나님의 말씀에 순종하여 받아들이면 하나님의 사람이 되어 의에 이르게 되고 사탄의 말에 순종하고 받아들이면 죄(사탄)의 종이 되어 사망에 이르게 된다네. 첫 사람 아담이 사탄의 말에 순종함으로써 이 세상에는 죄가 들어왔고 사망의 존재가 되었다네. 하나님은 사람을 보실 때 그 외모를 보지 않으시고 그 사람의 영의 어떠함을 보시고 판단하신다네. 하나님이 사람을 지으시고 그 안에 영을 두신 목적은 영이신 하나님이 사람 안에 들어오셔서 하나로 연합을 이루기 위한 것이지. 그런데 하나님의 목적과 달리 첫사람 아담은 사탄의 사람으로 되었지. 하나님의 목적에서 빗나간 것을 죄라 하고 그 사람을 죄인이라 부른다네.

나성도:

사람에게 영이 얼마나 소중한지를 알게 해 주셔서 감사합니다. 그러면 혼의 기능은 어떤 것인가요?

테스형:

혼(soul)은 넋, 정신, 얼 등으로 불리며 일반적으로는 인간의 비물질적인 자아를 가리킨다네. '혼'은 '영'과는 달리 사람과 짐승 등 모든 피조물에게 부여된 정신적 측면이라고 본다네. 그러나 '혼'이 육체와 분리하여 독립적으로 존재하는 것이 아니라 영과 혼과 몸은 항상 함께하고 셋이면서 하나이고 하나이면서 셋인 인간의 전인격을 형성하고 있다네.

나성도:

사람의 혼 안에는 지, 정, 의라는 기능이 있다고 하던데요?

테스형:

사람의 혼 안에는 지(知), 정(情), 의(意)가 있다고 보는 견해가 있다네. 지(知)는 사람의 지식적인 영역을, 정(情)은 사람의 감정적인 영역, 즉 희로애락을 담당하고, 의(意)는 사람의 의지에 관한 것으로 어떤 일을 결정하고 결단하는 능력을 담당한다고 보고 있지. '영'은 우리가 감지할 수가 없다네. 그러나 혼의 영역은 우리가 감지하고 느낄 수 있는 영역이라 할 수 있다네.

나성도:

사람의 혼은 영과 몸 사이에서 또 다른 역할이 있다고 하던데요?

테스형:

사람의 혼이 담당하는 중요한 역할이 있지. 혼이 영에 순종하면 그 사람은 영의 사람이 되고, 몸에 순종하면 죄의 사람이 되기 때문에 혼의 역할이 그만큼 매우 중요하다네.

나성도:

몸이 하는 역할은 무엇인가요?

테스형:

몸은 머리에서 발끝까지 또는 거기에 딸린 것을 통틀어 일컫는 말이네. 성경에서는 사람의 몸을 하나님께서 흙으로 빚어서 만들었다고 말씀하신다네. 그래서 사람의 몸이 유한하고 소멸한다는 측면에서 장막의 집(고후 6:19)으로 묘사되기도 하고 거룩한 측면에서는 하나님의 성전(고전 3:16-17)이라 부르기도 한다네. 그리고 그리스도와 교회의 관계에서 보면 '교회'는 그리스도의 '몸'으로, 그리스도는 '교회의 머리'로 불린다네(엡 1:22-23).

나성도:

사람에게 몸이 없으면 영과 혼을 표현할 수가 없게 되어 몸이 절대적으로 필요하다고 생각이 되네요?

테스형:

사람의 영과 혼이 세상 밖으로 표현되기 위해서는 몸이 절대적으로 필요하다네. 몸이 없으면 사람이 어떻게 영과 혼을 볼 수가 있겠는가? 하나님께서도 영이시기 때문에 자기의 형상과 모양을 표현할 수 있는 사람이 절대적으로 필요하다네. 그렇기 때문에 영과 혼과 몸이 어느 것이 더 중요하고 덜 중요하다 할 수 없다네. 서로 분리되어서는 안 된다네. 그래서 셋이면서 하나요 하나이면서 셋인 신비로운 유기적 관계로 존재한다네.

5. 하나님의 형상대로
사람을 창조하시고

나성도:

하나님의 형상이라 할 때 그 형상의 의미가 무엇인지요?

테스형:

형상(image)의 원어의 뜻은 '닮음', '모방'과 같은 뜻으로 사용되며, 성경에서 형상은 하나님의 임재를 표현하거나(민 12:8) 닮은 것을 뜻하며 하나님의 거룩한 성품(인격)이나 속성과 관련해서 사용하고 있다네.

나성도:

하나님께서는 왜 인간을 필요로 하고 찾으시나요?

테스형:

하나님은 영이시기 때문에 자기를 표현할 육체를 가진 사람을 필요로 하신다네. 마음에는 형상이 필요한 것이지. 그러니까 하나님이 자기의 형상을 이루는 것이 하나님의 일이라네. 사람이 존재하는 목적은 하나님을 표현하는 것이지. 우주 가운데 하나님을 완전하게 표현할 수 있는 존재는 사람뿐이라네. 하나님의 유일한 일은 자기의 형상을 가지고 하나님을 표현하고 나타내는 것이라네.

나성도:

우리가 어떻게 해야 하나님을 표현할 수가 있을까요?

테스형:

하나님을 표현하는 다른 방법이 있는 것이 아니라네. 하나님의 온전한 형상을 이루는 것이 하나님을 온전하게 표현하는 일이라네. 이런 일도 저런 일도 아니고 전도하는 일도 기도하는 일도 아니지. 그런 문제가 아니라네. 우리가 어떻게 하나님의 형상인 아들로서 온전한가가 문제라네. 이것이 하나님을 어떻게 만족시켜 드릴 수 있는가를 결정하는 것이라네. 손만이 손의 일을 할 수 있고 발만이 발의 일을 할 수 있듯이 하나님의 형상인 사람만이 하나님을 표현할 수 있다네. '우리가 어떻게 해야 하나님의 일을 하오리까?' 하고 물었을 때 예수님은 하나님의 보내신 자를 믿는 것이 하나님의 일이라고 하셨지(요 6:29). 하나님의 아들을 영접하는 것이 하나님의 일을 하는 것이라네. 하나님의 보내신 자를 받아들여서 내가 그의 형상이 되면 하나님의 일이 되는 것이라네.

나성도:

예수님을 믿는다는 것은 그의 형상을 이루는 일이라고 받아들이면 되는 것인가요?

테스형:

많은 사람들이 예수님을 믿고 있지. 그렇지만 그를 받아들여서 그의 형상으로 화할 때만 그의 통치적인 역할을 담당할 수 있다네. '형상'이 온전해야 '통치'도 온전하게 된다는 의미인데, 통치한다는 말은 '은혜를 분배한다, 생명을 분배한다'라는 뜻이라네. 군주적인 통치로 양식을 분배하는 일이지. 통치의 목표는 살게 하는 것이고 하나 되게 하는 것이라네. 사람이 하나님을 떠나면 빈껍데기가 되고 하나님이 사람을 떠나면 공허해진다네. 영은 형상이 없기 때문에 모양이 없다네. 그러니까 하나님은 사람이 없으면 자기 자신이 표현될 데가 없다네. 마음이 있어도 몸이 없으면 그 마음이 형상화될 수 없다네. 만지고 싶은 마음이 있는데 손이 없다면 얼마나 공허하겠는가! 하나님은 사람에게 영예의 길을 주셨지. 그것은 하나님의 형상이 되는 것이라네. 이보다 더 높은 영예가 있을까? 주 예수님을 만난 사람들은 그를 하나님의 영광의 광채시며 본체의 형상이라고 하였다네(히 1:3). 이것이 참 예배라네.

나성도:

사람과 동물은 무엇이 다른가요?

테스형:

사람이 동물과 다른 것은 하나님을 표현할 수 있다는 것이라네. 육체적인 기능에 있어서는 다르지 않다네. 오히려 어떤 면에서는 사람이 동물보다 못하다네. 나무를 타는 것도 사람이 동물보다 못하지. 육신적인 면으로는 다른 동물보다 낫다고 할 수 없다네. 인생이 사는 날 동안 하나님을 표현할 수 있다는 것은 얼마나 큰 축복인가! 그러나 살아도 하나님을 표현하지 못한다면 동물로 사는 것이지 인간으로 사는 것이 아니라네. 우리는 일차적으로 동물이고 이차적으로 인간이라네. 그러므로 이차적인 인생을 살지 못하면 동물과 다를 바 없는 삶을 사는 것이라네. 하나님은 이차적인 생명을 살게 하시려고 우리를 부르셨다네.

나성도:

"하나님이 가라사대 우리의 형상을 따라 우리의 모양대로 지으셨다"(창 1:26)라는 말씀을 우리가 알 수 있게 좀 더 쉽게 설명해 주시기 바랍니다.

테스형:

'우리의 형상을 따라 우리의 모양대로' 사람을 만들었다고 하셨는데 '형상을 따라'라는 말은 전체적인 개념이고 '모양대로'라는 말은 구체적이라네. 포클레인은 '손의 형상을 따라 손의 모양대로' 만들어졌지. '포클레인은 손의 기능과 똑같이 손의 모양대로' 만든 기계이지. 손의 어떤 역할을 표현하고 극대화하기 위해 만든 기계라 할 수 있다네. 불도저는 손바닥 모양으로 손바닥으로 흙을 쓸어 모으듯 많은 흙을 모으기 위해 만들어졌다네. 사람은 하나님의 어떠함을 표현하기 위해 만들어진 존재라네. 그래서 사람이 하나님의 형상을 따라 그의 모양대로 표현할 수가 있다네. 사람은 표현의 천재라네. 사람은 하나님까지도 표현할 수 있는 존재이지. 무엇이든지 보고 듣고 만지고 먹은 것은 그대로 표현할 수 있고 그보다 더 크게 표현할 수 있다네.

나성도:

하나님은 다른 동물과는 연합할 수 없는 이유가 무엇인가요?

테스형:

하나님은 다른 동물과는 연합할 수 없다네. 그것은 사람에게만 영이 있기 때문이지. 하나님은 영이시기 때문에 사람의 영과 연합할 수가 있다네. 이 연합에서 생육하고 번성하고 정복하는 것이 나온다네. 하나님은 사람과 연합해야만 생육하고 번성하고 정복할 수 있다네. 이렇게 하나님과 연합할 수 있는 존재는 유일한 존재가 사람이라네. 동물들은 자기들끼리 연합할 수 있고, 개와 개가 연합하면 개가 나오고 소가 소와 연합하면 소가 나오는 것이지. 그런데 사람이 하나님과 연합하면 그리스도가 나온다네. 이질적인 것이 만나서 제3의 것이 나온다네. 이것이 바로 한 인격인 그리스도라네. 이 인격은 사람과 만물을 지배한다네. 이 연합에서 새로운 생명, 새로운 인격이 나와서 그 인격을 통해 만유를 지배하게 된다네.

나성도:

하나님께서는 사람의 어떠함을 보시고 기뻐하시고 만족하시는지를 알고 싶습니다.

테스형:

참부모는 자식을 볼 때 일이 잘되는 것을 보지 않고 사람이 되어가는가를 보고 좋아하기도 하고 슬퍼하기도 한다네. 그것이 참부모의 마음이고 하나님의 마음이시라네. 하나님 목적은 모든 만물이 사람을 향해 가는 것이며, 사람이 되어가는 것은 '하나님의 형상으로 변해가는 것'이고 하나님의 형상이 드러나는 것이라네. 하나님은 이것을 보고 좋아하신다네. 인생도 마찬가지로 갈수록 하나님의 현상이 드러날 때 가장 좋다네. 사람은 하나님을 향해 가야 한다네. 이것만이 우리의 소망이라네. 하나님을 향해 가는 것이 가장 존귀한 것이라네. 그래서 하나님이 보시기에 좋았다고 한 것이라네. '하나님이 보시기에 좋았더라'라고 한 그 자리에서 우리도 '보기에 좋다'라고 할 때 하나님과 마음이 합하고 생명이 합하는 사람이 된다네. 같은 마음 같은 생명이니까 같은 것을 보고 '좋다' 하는 것이라네. 생명은 늘 자라고 번성하고 왕성하고 완성해 간다네. 생명도 늘 자라고 번성하며 가만히 있는 생명은 없다네. 하나님도 자기의 형상이 있을 때만 자신을 나타낼 수 있으므로 하나님의 형상으로서 사람이 지어진 것은 하나님께 절대 만족이라네.

6. 하나님이 흙으로
사람을 지으시고

나성도:

창세기 1장 7절에서 "하나님이 자기 형상 곧 하나님의 형상대로 사람을 창조하시고"라고 하신 후 또다시 창세기 2장 7절에서 "여호와 하나님이 땅의 흙으로 사람을 지으시고 생기를 그 코에 불어 넣으시니 사람이 생령이 되니라"라고 하신 것은 우리에게 무엇을 알려 주시려는 하나님의 뜻이 있는 것일까요?

테스형:

사람이 흙으로 지어진 것과 그 속에 하나님이 영을 부여하신 것을 아는 것은 사람의 어떠함을 이해하는 데 매우 중요한 것이라네. 흙 스스로는 아무것도 할 수 없다네. 씨가 들어와야 한다네. 씨는 생명이지. 땅 스스로는 생명이 없다네. 흙 스스로 속에서 무엇인가를 끄집어내 봤자 도로 흙이지. 그러므로 흙에는 반드시 밖에서 무엇인가가 들어와야 한다네. 그러므로 사람은 씨를 받아야 할 존재이지. 밖으로부터 무엇인가를 받아야 할 존재라네. 엉겅퀴를 받으면 엉겅퀴를 내고 포도를 받으면 포도를 내는 것이 땅이라네. 자기 스스로는 생명이 없네. 그런데 땅은 어떤 생명을 받으면 그 생명을 양육하는 기능이 있으며 양육하는 이 기능 때문에 우리는 하나님께 필요한 것이라네.

나성도:

흙인 우리는 밖으로부터 무엇을 받아들이느냐에 따라서 그 인격이 결정된다는 말씀인가요?

테스형:

사람은 스스로 새로운 것이 될 수 없다네. 창조는 그렇게 될 수 있는 것이 아니지. 창조는 밖에서 무엇인가가 들어오는 것이라네. 그래야 새것이 될 수 있지. 흙은 흙일 뿐이라네. 풍상에 덜 시달리고 더 시달린 차이가 있을 뿐 흙은 흙이라네. 그 흙에 씨를 뿌릴 때에만 밭이 되는 것이라네. 하나님의 말씀은 얼마나 명백한 진리인가! "여호와 하나님이 땅의 흙으로 사람을 지으시고 생기를 그 코에 불어 넣으시니 사람이 생령이 되니라"(창 2:7)라는 이 말씀은 진리라네. 콩을 심으면 콩밭이 되고 팥을 심으면 팥 밭이 되지. 사람은 무엇인가가 들어와서 되는 존재라네. 나로 말미암아 된 존재가 아니고 누군가로 말미암아 된 존재라는 말이지. 우리에게 하나님이 있어야 되는 이유가 있다네. 그리스도, 즉 생명이신 그분이 들어와야 하는 이유가 바로 여기에 있다네. 독생자 그리스도가 우리 안에 오시면 흙인 우리들은 그리스도의 열매를 맺는다네.

나성도:

세상에서는 사람들이 자기 혼자 살 수 있는 사람이 되려고 노력하는 사람들을 훌륭한 사람이라고 하는데요. 이런 사람들은 문제가 있는 것이 아닐까요?

테스형:

자네 말처럼 세상에서는 사람들이 온갖 방법을 써서 자기를 강화하여 자기 혼자 살 수 있는 사람이 되려고 발버둥을 치고 있지. 그것은 하나님 보시기에 악한 것이라네. 하나님은 사람을 그런 존재가 되도록 창조하지 않으셨다네. 하나님이 필요하도록 지어 놓으셨다네. 그런데 하나님이 필요하지 않은 자로 살려고 노력한다면 하나님이 보시기에 악한 것이라네. 세상에서는 혼자 잘 살아가는 사람을 대단히 훌륭한 사람이라고 하겠지만 하나님께서는 그것을 가증한 것 속이는 것 거짓말하는 것으로 보신다네.

나성도:

흙이 토기장이에 의해 빚어지면 그릇이 되고 하나님께 빚어지면 인격이 되나요?

테스형:

흙은 빚어져야만 형체를 갖추게 되지 않나. 우리가 하나님 손에 빚어진다면 하나님께 필요한 형체가 될 것이고, 하나님께 필요한 형체가 되면 하나님 용도에 맞는 형체가 될 것이고, 용도에 맞게 되면 그 용도에 맞는 역할을 감당하게 될 것이라네. 흙은 빚어지고 구워져야 한다네. 아담은 흙으로 빚어 놓은 사람이라네. 그리스도는 구워진 사람이라네. 물이 아무리 들어와도 풀어지지 않는 형체인 것이지. 인격은 이렇게 선별되고 반죽이 되고 구워지는 과정을 통해서 이루어진다네. 토기장이가 빚은 것은 그릇이고 하나님이 빚은 것은 인격이라네. 그러니 하나님에 의해 빚어진 인격은 얼마나 복되겠나? 사람은 스스로 존재하는 것이 아니라네. 무엇인가를 받아들여야 하는 존재가 사람이라네. 흙과 생기와의 관계는 흙과 씨의 관계와 같다네. 사람 스스로는 생명이 없다네. 어디선가 생명이 들어와야 살 수가 있지. 이것은 흙에 씨가 필요한 것과 같다네. 다른 것은 흙에 들어가면 다 썩어 버리지. 그런데 씨만은 썩지 않는다네. 그 속에 생명이 있기 때문에 오히려 흙을 통해서 씨는 자라고 왕성해진다네. 그리고 열매를 맺는다네. 사람도 흙과 같다네. 사람 자체만 보면 문제가 엄청나게 많다고 할 수 있지만, 인격이 없는 것이 생명이 없는 것이 문제지 흙 자체는 문제가 없네.

나성도:

그런데 세상은 왜 이런가요? 사람들은 왜 시기 질투로 평안한 날이 없는 것일까요?

테스형:

인간은 왜 이런가? 영원한 생명, 참 인격이 없어서라네. 다른 이유는 없다네. 대한민국 국회는 왜 허구한 날 비생산적인 싸움만 하는가? 국회란 것이 나빠서 그럴까? 그렇지 않다네. 모든 것은 사람 속에 올바른 인격이 없어서 그렇다네. 인격은 흙과 꼭 같다네. 스스로는 아무것도 할 수 없다네. 그런데 영원한 생명이 들어오기만 하면 만물 중에서 만유를 포함하는 존재가 되는 것이 사람이라네. 육신적으로 볼 때 사람은 분명 동물과 같다네. 그런데 그 사람 속에 어떤 인격이 들어오면 모든 만물을 포함하고 다스리고 복을 주는 특별한 존재가 될 수 있지. 사람의 가치는 영원하신 하나님, 보이지 아니하는 하나님까지 형상화할 수 있다네. 자기를 창조하신 하나님까지 형상화할 수 있는 능력을 가진 것이 사람이라네. 이것을 백분 발휘한 인생은 성공한 인생이라네. 그러나 헛것만 형상화한 인생은 망한 것이지. 사람은 자기가 형상화한 만큼 존재 가치가 결정된다네. 그러므로 하나님을 형상화하면 하나님의 사람이 되고 사탄을 형상화하면 사탄의 사람이 된다네.

나성도:

흙인 사람은 누군가에게 그 소출을 바쳐야 하는 존재일 수밖에 없는 것인가요?

테스형:

어찌 흙이 자기 스스로 흙이 되기를 원하여 흙이 되었겠는가? 그런 흙은 없다네. 그러나 생명의 주님으로 인하여 찬양하세! 흙은 흙의 수치를 가릴 수 없다네. 그러나 생명의 덮어 줌이 있다네. 흙의 역사를 보면 사망이지만 흙에 행하신 하나님의 일을 보면 영광이라네! 흙은 생산하는 곳이지 소유하는 곳이 아니라네. 흙은 누군가에게 소출을 바치는 것이야. 그 자신을 위해서는 아무것도 할 수 없다는 것을 깨달아야 한다네. 사람이 자기를 위해서 살 수 있는 줄 아는 것보다 어리석은 것은 없다네. 사람이 자기를 위하여 해 아래서 수고한 모든 수고가 자기에게 무엇이 유익한가(전 1:3). 사람들이 이 말씀을 깊이 새겨듣기를 바란다네.

나성도:

교회에서는 우리에게 겸손하라 말씀하시는데 어떻게 해야 겸손한 마음이 될 수 있을까요?

테스형:

사람이 겸손하게 되는 것은 그 사람이 겸손해지려고 노력한다고 되는 것도 아니고 겸손해야 한다고 스스로 다짐한다고 되는 일이 아니라네. 나 자신은 성경 말씀대로 흙이라는 것을 인정하고 깨달을 때 가능하다네. 흙인 내 자신이 자랑할 것이 무엇이 있단 말인가! 자랑하려면 흙인 사람에게 생명을 주시는 하나님을 자랑하세! 아멘

7. 에덴동산

나성도:

에덴동산이란 어떤 곳인가요?

테스형:

하나님께서는 에덴에 동산을 창설하셨는데 '에덴'이란 말의 어원은 '기쁨'이란 의미를 가지고 있다네.

나성도:

하나님이 지으신 사람을 동산에 두신 까닭은 무엇인가요?

테스형:

하나님이 지으신 사람을 동산에 두셨는데, 동산에 두었다는 말은 하나님 앞에 두었다는 의미라네. 동산은 하나님 앞을 의미한다네. 사람은 하나님 창조의 중심이고 목표인 것이지. 그러므로 사람은 하나님 앞에 있는 것이 당연하다네. 내 앞에 무엇이 있는 것은 무엇이든 나에게 가장 소중하고 가장 중심이고 내게 목표가 되는 것이라 할 수 있지. 사람은 하나님의 정원에 심어진 나무와 같이 하나님이 항상 보시고 즐거워하고 기뻐하기 위해서 지어진 존재라네. 여기서 우리는 하나님이 동산을 창설하신 이유를 알 수 있다네. 사람 때문에 동산을 창설하신 것이지.

나성도:

에덴동산을 이 세상의 어떤 곳과 비교하면 알기가 쉬워질까요?

테스형:

동산은 '정원'을 말하는데 정원이라는 말에는 '과수원'이라는 의미와 '공

원'이라는 의미가 있다네. '과수원'은 '먹는다'라는 뜻이 있고 '공원'은 '쉰
다, 논다는 의미가 있다네. 동산은 과수원이고 공원이며, 먹고 노는 것이 사
람이지. 아기는 먹으면 자고, 자고 나면 먹지 않는가. 그러다가 크면 먹고
놀지. 아이들은 아무 일도 없지. 먹고 노는 것뿐이야. 부모가 다해 주니까
먹고 노는 것밖에 없지. 놀다가 배고프면 과일을 따 먹으면 되고, 온갖 과일
이 널려 있어서 노동할 필요가 없었다네. 먹을 것이 없어서 노동이 생겨났
지. 노동의 모든 목표는 사실 먹기 위한 것이라네.

나성도:

첫사람 아담은 왜 에덴동산에서 쫓겨나게 되었는지요?

테스형:

첫사람 아담은 사탄에게 속았지. 그래서 선악과를 먹고 하나님을 대적하고
죄의 병기가 되어 사탄의 나라에 협력자가 되었네. 그러나 마지막 아담인
그리스도는 사탄의 속임수를 능히 이기고 생명나무의 길을 열었으며 사람
의 권세를 회복하고 의의 병기로써 하나님의 완전한 존재가 되었다. 그러
나 타락한 인간에게는 노동이 필요하지. 우리는 동산을 떠나 왔기 때문에
먹을 것이 없게 되었으며 인간의 현실은 모두 동산 밖이다. 그런데 에덴이
우리의 고향이고 본향이다. 하나님의 말씀이 아니면 누가 이것을 알게 하
겠는가? 우리의 본향은 어딘가? 하나님 앞이다. 그곳은 무엇을 하는 곳인
가? 먹고 노는 곳이다.

나성도:

잃었던 에덴동산은 다시 회복되는 것인가요?

테스형:

요한계시록 마지막 장인 22장을 보면 하나님의 보좌가 나오고 생명수와 생명나무가 나온다네. 이것이 영원한 동산의 회복이라네. 사람은 어디에서 와서 어디로 가야 하는가? 동산에서 와서 동산으로 가는 것이라 할 수 있지. 지금 세계는 동산을 잃어버린 세계라네. 고향을 잃어버린 것이지. 사람들은 어디로 가야 할지 모른다네. 그래서 사람들은 이상향을 꿈꾸다 지금과 같은 문명사회를 만들었다네. 그렇지만 문명사회가 인간의 영원한 고향이 되는가? 그렇지 않다는 것은 누구나 안다네. 다만 사람에게 필요하니까 자꾸 만들고 만들다 보니 이런 문명사회가 된 것이라네. 그러나 문명사회가 발전하면서 생활에 필요한 것만 발전한 것이 아니고 전쟁에 필요한 것도 같이 발전했다네. 그래서 세상은 전쟁의 위험을 항상 안고 살아가게 되었지. 지금 세계는 환경오염 등 예측할 수 없는 일들이 도사리고 있다는 것을 훤히 알면서도 브레이크 없는 전차처럼 달려가고 있다네. 사람들이 만들어 놓은 것은 모두가 그렇다네. 사람이 바라는 이상은 거기서 실현할 수 없다네. 사람이 바라야 할 이상 세계는 하나님 동산의 회복이라네. 아버지 품으로 가는 것이지. 어른에게나 아이에게나 행복은 같은 것이라네. 우리가 가장 행복했을 때는 언제이겠나? 어린아이 때 부모님 앞에 있을 때이지.

나성도:

에덴동산은 어느 특정 장소를 가리키는 것인가요?

테스형:

동산은 꼭 어떤 공간을 의미하는 것은 아니라네. 부모와 자식이 어디 있든지, 이 집에 있든지 저 집에 있든지, 바닷가에 있든지 똑같은 것처럼 하나님과 사람이 같은 음식을 먹고 놀고 같이 즐거워하는 곳이지. 동산을 창설하신 것은 결국 하나님과 사람이 함께하는 장을 마련하신 것이라네. 우리의 마음과 몸이 한자리에 있는 것이 육체이듯이 하나님과 사람이 한자리에 있는 장이 바로 동산이라네. 어떤 사람들은 에덴동산을 찾아다니고 있지. 중동 어딘가에 그 동산이 있을 것이라고 하기도 하지. 그러나 동산은 그런 지역적인 공간이 아니라 인격적인 공간, 하나님과 사람이 함께 누리는 공간이라네.

나성도:

오늘의 교회 생활이 동산 생활이라 보아도 될까요?

테스형:

이 공간이 오늘 우리에게 현실적으로 주어졌고, 교회 생활은 바로 동산의 생활이라 할 수 있다네. 이 교회가 점점 발전하고 성숙하고 완전해지면 새 예루살렘이 될 것인데 새 예루살렘은 옛 동산보다 더 완전한 동산이 될 것이라네. 처음에 있었던 동산이 설계도라고 한다면 요한계시록 22장에 나오는 동산은 완성된 동산이라 할 수 있다네.

나성도:

"강이 에덴에서 흘러나와 동산을 적시고…"(창 2:10)라는 말씀에서 강이 에덴에서 흘러나왔다는 것은 어떤 의미가 있는 것일까요?

테스형:

강은 물이 흐르는 곳이지 않나. '물이 흐르는 곳'에서는 마시기 위한 것, 즉 먹고 살기 위한 것만 아니고 교통하기 위한 것이 있다네. 요한계시록 22장에는 이 물이 나오는데 하나님과 어린양으로부터 생명수의 강이 흐른다고 하였네. 에덴동산에 있었던 이 강은 계시록에서 생명수의 강으로 완성된다네. 창세기 2장에서는 이 강이 에덴에서 발원하였다고 하였는데 그것은 기쁜 곳 즐거운 곳에서 발원하였다는 뜻이라네. 왜 기쁘고 즐거운 곳인가? 강이 에덴에서 발원하였다는 말은 '하나님 앞에서 발원하였다'라는 뜻이지. 물이 흐르는 곳에는 생명이 산다네. 인류 문명의 발상지는 강물이 흐르는 곳이라네. 강이 없는 곳에는 생명이 살 수 없다네. 사막지대라도 강이 흐르는 곳에는 나무가 자라네. 우리는 하나님의 통치 흐름, 사랑의 통치 흐름과 은혜의 통치 흐름 안에서 그 물을 마시고 생명나무의 열매를 먹으면서 하나님의 동산을 지키는 사람이 된다네.

나성도:

하나님의 동산을 '지킨다'라는 것은 무슨 의미인가요?

테스형:

동산을 창설하신 것은 전적으로 하나님이 하신 일이지만 동산을 다스리고 지키는 일은 사람이 해야 할 일이라네. '다스린다'라는 말은 '경작(耕作)한다, 밭을 일구어서 농사를 짓는다'라는 뜻이 있다네. 동산을 잘 가꾸고 경작하여서 거기서 아름다운 열매가 나오도록 생산을 일으키라는 것이네. '

지키다'라는 뜻은 '보존하다, 보호하다'라는 뜻이지. 밭을 무료로 주었어도 농사짓는 것은 농부에게 달렸다는 말이네. 하나님이 환경도 주시고 생명도 주시고 모든 것을 다 주셨어도 그것을 경작하고 보존하는 일은 사람이 해야 한다네. 그것까지 하나님이 하실 일은 아니라네.

나성도:

원래 하나님의 동산에는 인생의 목마름은 없었던 것인가요?

테스형:

원래 하나님의 동산에는 목마름이 없었다네. 그러면 왜 목마름이 왔을까? 하나님을 떠났기 때문이지. 씨가 없는 흙은 황폐하고 하나님 없는 인생은 목마르다네. 목표와 향방이 없기 때문에 방황하고, 방황은 목마름을 가져 온다네. 그리스도 안에는 생수가 있고 그리스도 자신이 생수이시지. 그러나 우리가 주님을 만났을 때 종이 주인을 만난 것이며 몸이 머리를 만난 것이고 신부가 신랑을 만난 것과 같네. 이제는 따를 자가 있고 섬길 자가 있고 사랑할 자가 있는 것이지. 방향이 있으므로 목마름이 없다네. 그러므로 하나님은 우리를 목마르지 않게 하시는 생수이시라네(계 22:11). 이 생수가 그리스도 안에 있고 그리스도 자신이 생수이시라네. 아담은 생명과를 버림으로써 그 동산을 잃었지. 그러나 예수님이 그 생명과로 우리의 양식이 되심으로써 그 동산을 회복해 주셨다네. 그는 우리 모두를 구원하시는 구원자가 되셨다네. 할렐루야.

8. 에덴동산 가운데
두 나무

나성도:

"에덴동산 가운데에는 생명나무와 선악을 알게 하는 나무도 있더라"(창 2:9)라고 하셨는데, 여호와 하나님이 동산 가운데에 두 나무를 두신 뜻이 무엇인지요?

테스형:

모든 인생은 생명과를 먹은 인생과 선악과를 먹은 인생 두 부류로 존재하고 있음을 우리에게 알려 주시려는 하나님의 뜻이라네. 모든 사람은 두 부류의 사람이 있을 뿐 중간은 없다네. 성경은 이 두 나무를 먹은 사람들에 관한 것을 주제로 전개되는 하나님의 말씀이라는 것을 항상 염두에 두고 배워 나가면 성경은 생각보다 어렵지 않고 쉬운 책이라네.

나성도:

생명나무 열매인 생명과를 먹은 인생과 선악을 알게 하는 나무의 열매인 선악과를 먹은 인생의 다른 점은 무엇인가요?

테스형:

사람이 음식을 먹으면 그 음식이 그 사람과 하나가 되듯이 여기서 먹는다는 것은 하나 되는 것, 하나로 연합하는 것으로 이해하면 된다네. 생명과는 하나님이 먹으라는 양식이고 선악과는 사탄이 먹으라는 양식이라네. 생명과를 먹은 사람은 하나님과 하나로 연합된 사람이네. 성경에서는 하나님과 하나로 연합된 사람을 가리켜 하나님의 자녀, 하나님의 종, 또는 그 사람을 신부로 예수님을 신랑으로 그리고 아내와 남편 등으로 부른다네. 그러나 이 모든 말씀은 같은 뜻의 다른 표현이라네. 선악과를 먹은 사람은 사탄과 하나로 연합된 사람이네. 사탄과 하나로 연합된 사람은 사탄의 종, 죄의 종, 마귀의 자식, 사람을 사탄의 아내로 부르기도 한다네. 사탄과 하나로 연합된 사람을 그때의 상황에 따라서 표현을 달리 하는 것뿐이고 같은 뜻의 다른 표현이라네.

나성도:

생명나무와 선악을 알게 하는 나무를 다른 각도에서 조명해 본다면 어떻게 될까요?

테스형:

에덴동산 가운데에는 생명나무와 선악을 알게 하는 나무도 있었지. 생명나무는 삶을 위한 것이고 선악을 알게 하는 나무는 일을 위한 것이므로 삶과 일을 위한 나무가 있었다는 뜻이지. 우리가 살아가는 데는 지식이 필요한 것이 아니고 생명이 필요하다네. 직업을 갖는 일을 하려면 지식이 필요하지만 생존하고 생명을 보전하는 데는 지식이 전혀 필요치 않다네. 아버지와 아들이 있고 손자가 있는 데는 지식이 전혀 필요치 않다네. 많이 배웠다고 해서 아들을 잘 낳고 못 배웠다 해서 아들을 못 낳는 것은 아니지 않나. 하나님은 재료를 다 대주시고 우리는 그 재료를 가지고 요리를 해야 한다네. 아무리 좋은 재료가 있을지라도 요리를 할 줄 모르면 음식은 맛이 없다네. "동산 각종 나무의 열매는 네가 임의로 먹되 선악을 알게 하는 나무의 열매는 먹지 말라 네가 먹는 날에는 반드시 죽으리라"(창 2:16-17) 하셨다네. 생명나무와 선악을 알게 하는 나무 이 두 종류의 나무는 동산을 다스리고 지키기 위해서 주신 것이라네. 인생이 영광에 들어가느냐 못하느냐의 문제는 이 두 나무 중 어느 나무의 열매를 먹느냐에 달려있다네. 첫 사람 아담은 하나님의 명령을 거역하고 사탄의 속임수에 빠져 선악과를 먹음으로써 모든 인류는 죄인이 되었고 죄와 사망의 지배를 받는 사탄의 종의 운명이 되고 말았다네. 원래 선악과는 사탄(타락한 천사)의 양식이라는 것을 확실하게 알기 바라네.

나성도:

생명나무와 선악을 알게 하는 두 나무는 생명의 세계와 지식의 세계로 구분할 수도 있겠는데요? 어떤 의견을 갖고 계신지요?

테스형:

생명나무의 과일은 생명의 세계이며, 생명의 세계는 사람의 관계를 말한다네. 생명의 열매를 먹을 때만 하나님의 동산을 다스리고 지킬 수 있다네. 생명의 세계는 지식의 세계가 아니라네. 귤나무에 지식이 있어서 귤이 열리는가? 사람이 지식으로 자식을 낳는가? 오직 생명만 있을 때 열매를 맺고 자식을 낳는다네. 하나님과 사람의 관계는 이런 생명의 관계라네. 하나님과 사람이 생명의 관계가 되면 하나님의 것은 내 것이 되고 내 것이 하나님의 것이 되지. 생명의 세계는 하나님의 동산을 이루고 있고 지식의 세계는 세상을 만들지. 하나님의 세계와 세상의 다른 점은 무엇인가? 좋으냐 나쁘냐가 아니라네. 하나는 생명의 세계이고 하나는 지식의 세계라네.

나성도:

사람은 왜 지식이 필요한가요?

테스형:

모든 것을 객관화시키기 위해서 지식이 필요하다네. 객관화시키기만 하면 그것을 가지고 다시 조작할 수 있다네. 많은 화학 약품과 화공 약품은 어떤 식품에서 성분을 추출해서 지식으로 다시 객관화시켜 놓은 것이라네. 그러나 사과 속에 있는 성분을 객관적으로 추출해 내어 다시 조합해 놓는다고 해서 사과가 되겠는가? 절대로 사과가 되지 않는다네. 인생의 행복은 사람의 마음에 달려 있다네. 하나님과 우리의 관계에 있고 너와 나의 관계에 있는 것이지. 사람은 사람과의 관계에서 행복해지기도 하고 불행해지기도 하는 것이지 결코 어떤 물질에 의해서 행복이 좌우되는 것은 아니라네. 지식으로 인해서는 하나가 될 수 없다네. 나의 지식과 아들의 지식이 다르면 서로 충돌을 일으킨다네. 오직 생명 안에서만 아들을 아들로 볼 수 있다네. 생명을 떠나면 행복은 금방 파괴되고 말지. 지식이 침투해 들어오면 부자지간도 형제지간도 부부간도 갈라진다네. 모든 것이 갈라져 버리고 말지. 그 안에서는 행복이 있을 수 없다네. 불행한 사람은 어떤 사람인가? 생명보다 지식이 더 많은 사람이라네. 생명을 대치하는 생각과 지식이 들어오면 그때 그 사람은 불행한 삶이 시작된다네. 동물에게는 그런 지식이 없어. 그렇기 때문에 불행한 동물, 행복한 동물이 있지 않다네. 그런데 사람은 지식 때문에 행복한 인간도 있고 불행한 인간도 있다네.

나성도:

그런데 왜 사람들은 변화가 되지 않을까요?

테스형:

수많은 사람이 하나님을 믿고 예수님을 믿는데 왜 변화가 안 되는가? 지식의 세계에 있기 때문이지. 인생이 바라는 최고의 세계, 마지막 세계, 최종적인 세계는 새 예루살렘이라네. 새 예루살렘에 들어가기 위해서는 먹고 마시고 자라야 한다네. 참 생명나무의 열매를 먹지 않았기 때문에 10년을 믿고 20년을 믿어도 마찬가지인 것이라네. 우리는 생명나무를 먹고 자라야 한다네. 어떤 인격도 먹지 않으면 변화되지 않아. 생명나무가 있는 곳에는 변화가 있고 성장이 있고 치유가 있어서 다시는 배고픈 것이나 아픈 것이 있지 않다네. 이것이 바로 생명의 세계, 마지막 승리라네. 새 예루살렘은 하나님 말씀의 최종적인 완성이고 생명 세계의 최종적인 완성이라네. 반면에 바벨론은 지식 세계의 최종적인 완성이라 할 수 있다네. 결국 두 나무가 자라서 하나는 새 예루살렘으로 하나님의 나라가 되고, 하나는 바벨론으로 사탄의 나라가 되는 것이지.

나성도:

동산은 남이 보존해 줄 수는 없는 것인가요?

테스형:

자기가 스스로 보존해야 한다네. 내가 그것을 방치하면 도적이 와서 뚫어 버린다네. 아무리 좋은 땅이라도 경작하지 않으면 쑥대밭이 되는 것처럼 인생도 하나님의 동산으로 가꾸지 않으면 쑥대밭이 되고 만다네. 하나님께 받은 것을 소중히 여기고 하나님이 주신 방법대로 가꾸고 보존하면 우리는 에덴동산을 다시 갖게 될 수 있다네.

나성도:

생명의 길은 누구를 위한 것이고 지식의 길은 누구를 위한 것인가요?

테스형:

생명의 길은 하나님의 아들들의 세계에 속한 것이고, 지식의 길은 사탄의 세계에 속한 것이라네. 동산에는 사람도 있고 천사도 있지. 사람은 하나님의 아들이 되어서 아들에서 아들로 이어가야 한다네. 아브라함에서 이삭으로 이삭에서 야곱으로 살아 있는 하나님의 형상이 되는 길에 있어야 하기 때문에 생명의 길이 필요하다네. 그런데 천사는 일을 위해 필요하다네. 히브리서 1장에는 천사를 바람과 불꽃과 부리는 영이라 하셨다네(히 1:7-14). 천사는 생명이나 인격이 아니라네. 일을 위해 필요한 존재이지. 홍해를 가르거나 여리고성을 무너뜨리는 일, 불을 내린다든지 유황을 내린다든지 하는 일은 천사를 통해서 하는 일이라네. 그런 일들이 하나님의 면전에 필요하기 때문에 선악을 알게 하는 나무가 있는 것이라네.

나성도:

왕궁에는 왕자의 길이 있고 나랏일을 보는 대신의 길이 있는 것과 같이 생명의 길과 지식의 길을 이해하면 될까요?

테스형:

왕궁에는 두 가지 길이 있다네. 왕좌의 혈통을 계승하는 왕자의 길이 있고, 나라의 일을 보살피고 정치를 하는 대신의 길이 있다네. 왕궁에서는 과거(科擧)를 통해 실력 있는 사람을 뽑고 그중에 제일 성적이 좋은 사람이 영의정이 된다네. 이 사람들은 오로지 일을 위해 필요한 사람들이라네. 아무리 훌륭하고 똑똑해도 왕위를 계승할 수 없다네. 왕좌의 길은 실력이나 능력과 전혀 관계가 없다네. 단지 왕에게서 낳았느냐 아니냐가 중요하다네. 이것은 생명을 유전하고 계승하는 문제라네. 하나님에게는 왕자도 필요하고 대신도 필요하다네.

나성도:

하나님께서는 왜 선악을 알게 하는 나무 열매를 먹지 말라 하셨나요?

테스형:

왕자는 왕자의 양식이 있고, 대신은 대신의 양식이 있다네. 양식을 먹기에 따라서 변화되기 때문이지. 전에 우리가 율법 아래 있을 때에는 율법을 먹고 종이 되었다네. 바울은 우리가 율법 아래서 종이 되었다고 하였다네. 율법이라는 양식을 먹다 보면 우리는 일꾼이 되고 만다네. 하나님 앞에서 내가 무엇을 했는가, 혹시 무슨 잘못이라도 하지 않았는가 하며 늘 두려워하는 것이 율법 아래 있는 생활이라네.

나성도:

왜 사람이 종의 길에 있게 되었나요?

테스형:

종의 양식을 먹었기 때문이지. 벌은 양식에 따라 달라진다네. 로열젤리를 먹은 벌은 여왕벌이 되고 꿀을 먹은 벌은 일벌이 된다네. 사람도 마찬가지라네. 어떤 양식을 먹는가에 따라 달라진다네. 생명과를 먹으면 하나님의 아들이 되고 선악과를 먹으면 사탄의 종이 되지. 우리가 아담을 받아들이면 아담을 낳고 그리스도를 받아들이면 그리스도를 낳는다네. 율법을 받으면 율법을 낳게 되고 복음을 받아들이면 복음을 낳는다네. 율법을 받아들인 제자들은 율법을 낳았고 복음을 받아들인 제자들은 복음을 낳았다네. 이것은 변치 않는 진리라네. 누가 옳으냐고 싸울 필요가 없다네. 받아들인 대로 내놓는 것이지. 그 열매로 그 나무를 알지니! 이것은 영원한 진리라네. 좋은 나무에서 나쁜 열매를 맺을 수 없고 나쁜 나무에서 좋은 열매를 맺을 수 없다네.

9. 선악과를 먹은 사람

나성도:

사탄이 사람을 유혹하여 선악과를 먹게 한 이유는 무엇인가요?

테스형:

사람은 하나님을 생육하고 번성하게 할 그의 배필로 지어졌다네. 사람은 하나님에게 생명의 배필이라네. 그러나 사탄은 종이며 부리는 영으로 창조하셨지. 사탄은 원래 천사 중 하나가 하나님같이 높아지려다 하늘에서 땅으로 쫓겨난 존재라네. 하나님이 정해준 위치를 떠난 존재로서 멸망 받을 존재라네. 사탄은 종이요 부리는 영이라네. 그는 사람을 자기와 같이 만들려고 한 것이라네. 이것이 사람에게 선악과를 먹게 한 이유라네. 사탄은 자신이 종이기 때문에 사람을 자기의 종으로 만들려 한 것이지.

나성도:

사탄이 아담에게 선악과를 먹으면 너희 눈이 밝아 하나님 같이 된다(창 3:5)고 하였는데 그 후 선악과를 먹은 아담은 어떻게 되었나요?

테스형:

선악과를 먹은 사람은 사탄의 말대로 하나님같이 되었다네. 참 하나님이 된 것이 아니라 자기의 생각으로만 하나님, 곧 가짜 하나님이 된 것이지. 짝퉁 하나님이 되었지. 하나의 하늘에 두 개의 태양이 존재할 수 없듯이 가짜 하나님이 된 사람은 다른 가짜 하나님이 된 사람을 서로 용납할 수가 없다네. 그래서 사람들은 서로 분쟁과 다툼이 존재하게 되었다네. 사람들은 오직 자기밖에 모르는 이기주의자들이 되었다네. 그렇기 때문에 우리가 사는 세상은 개인과 개인이 민족과 민족끼리 국가와 국가 간에 다툼과 전쟁이 그칠 날이 없게 되었다네.

나성도:

"너희가 그것을 먹는 날에는 너희 눈이 밝아져 하나님과 같이 되어 선악을 알 줄을 하나님이 아심이니라"(창 3:5)라고 하였는데 뱀의 말대로 사람의 눈이 밝아졌나요? 그리고 선악을 알게 되었나요?

테스형:

원래 선악을 판단하는 일은 우리의 주인이신 하나님의 소관이지 사탄의 종이 된 사람의 소관이 되어서는 안 된다네. 어찌 피조물이요 종인 사람의 일이 될 수 있겠는가? 재판정에서 재판관이 선악을 판단하는 것이지 어찌 피고가 선악을 판단해서야 되겠는가? 주인이 판단해야지 종이 판단하면 그 집안일이 어떻게 돌아가겠는가?

사람의 선악 판단은 항상 자기중심적이라네. 사람의 판단은 언제나 자기는 선이고 남은 악이지. 그렇기 때문에 이 세상은 다툼과 분쟁이 그칠 날이 없다네. 정치판을 보면 더 분명하게 드러난다네. 똑같은 일을 놓고 어떻게 저토록 판단이 다를 수가 있단 말인가? 내가 나의 주인이 되면 그것이 죄라네. 나의 참주인은 나를 지으신 하나님이시기 때문이지. 사람은 사람이 있어야 할 위치가 있고 천사는 천사가 있어야 할 위치가 있다네. 자기 위치를 벗어나는 것이 죄라네. 하나님이 사람에게 정해준 위치를 떠나면 이것이 죄이고 멸망이라네.

나성도:

성경에서 말하는 죄와 세상에서 말하는 죄는 무엇이 다른가요?

테스형:

일반적으로 죄란 법을 위반하는 것을 죄라 한다네. 성경에서 말하는 죄란 하나님의 명령을 거역하고 사탄의 속임에 넘어가 하나님이 먹지 말라는 선악과를 먹은 것을 말한다네. 하나님은 선하신 분으로서 죄를 창조하지도 않으셨고 죄를 알지도 못하신다네. 이 세상에 죄가 존재하는 것은 아담의 불순종으로 이 세상에 죄가 들어오게 된 것이지. 성경의 죄란 하나님과 분리된 것을 말하며 하나님 없는 자의 부패한 본성과 그 영향력, 그리고 하나님의 뜻과 명령을 거역하는 모든 악한 행위를 말하며 불의, 허물, 죄 등으로 불리기도 한다네. 더 구체적으로 말하면 사람의 영 안에 사탄의 영이 들어와서 사람과 사탄이 연합된 것을 죄라고 하고 그 사람을 죄인이라 한다네. 하나님이 사람에게 영을 부여하신 목적은 생명이신 예수 그리스도의 영이 사람 안에 들어오셔서 하나로 연합하기 위해서이라네. 사람이 신부가 되고 예수님이 신랑이 되어 생육하고 번성하여 하나님 나라를 건설하기 위함이지. 성경의 죄는 근본적인 죄로써 존재적인 죄이라네. 아담의 후손인 모든 사람은 태중에서부터 죄인이라네. 세상에서는 법을 위반한 행위가 있을 때만 죄라 한다네. 이것이 성경의 죄와 차이라네. 행위의 죄는 근본적인 죄의 가지이며 열매이지. 사람이 죄를 지어서 죄인이 아니라네. 사람이 죄를 짓는 것은 죄인이기 때문에 죄를 지을 수밖에 없는 것이라네. 죄의 나무에서는 죄의 열매가 열릴 수밖에 없다네. 노력한다고 다른 열매가 열리겠는가? 이것이 인류의 비참한 운명이라네.

나성도:

사람이 하나님에게 순종하느냐 사탄에게 순종하느냐에 따라서 그의 종이 된다(롬 1:16)고 하셨는데 그러면 왜 모든 인류는 사탄의 종이 되었나요?

테스형:

사람이 하나님께 순종하느냐 아니면 사탄에게 순종하느냐 두 가지 길이 있다네. 에덴동산 가운데 있는 생명나무와 선악을 알게 하는 나무는 곧 두 길이라네. 하나님 말씀에 순종하여 생명과를 먹으면 하나님의 사람(하나님의 종, 하나님의 자녀, 예수님의 신부, 아내)이 된다네. 그러나 첫 사람 아담이 사탄의 말에 순종하여 선악과를 먹음으로 사탄의 사람(사탄의 종, 사탄의 자식, 사탄의 아내)이 되어 아담의 후손인 우리 모두가 사탄의 종이 되었다네. 이것이 모든 인류의 운명이 되고 말았다네.

나성도:

아담의 불순종으로 모든 인류가 사탄(마귀)의 사람이 되었다는 성경적 근거는 무엇인가요?

테스형:

마태복음 3장 7절에서 "요한이 많은 바리새인들과 사두개인들이 세례 베푸는 데로 오는 것을 보고 이르되 독사의 자식들아 누가 너희를 가르쳐 임박한 진노를 피하라 하더냐"라고 하였다네. 여기서 독사의 자식들은 사탄(마귀)의 자식이라는 말이라네. 요한복음 8장 44절에서는 "너희는 너희 아비 마귀에게서 났으니 너희 아비의 욕심대로 너희도 행하고자 하느니라 그는 처음부터 살인한 자요 진리가 그 속에 없으므로 진리에 서지 못하고 거짓을 말할 때마다 제 것으로 말하나니 이는 그가 거짓말쟁이요 거짓의 아비가 되었음이라"라고 하였네. 이 말씀에서는 사탄(마귀)이 너희 아비라고 분명하게 말씀하고 있다네. 너희가 거짓말을 하는 것은 너희 속에 진리(예수님)가 없기 때문이라 하였네. 이 외에도 성경 여러 곳에서 이와 같이 언급하고 있음을 볼 수 있다네.

나성도:

선악과를 먹고 사탄의 사람이 된 모든 인류는 그 마음과 성품이 사탄(마귀)의 마음과 성품으로 되었다는 성경적 근거가 무엇인가요?

테스형:

마가복음 7장 21절과 22절에는 "사람의 마음에서 나오는 것은 악한 생각 곧 음란과 도적질과 살인과 간음과 탐욕과 악독과 속임과 음탕과 질투와 비방과 교만과 우매함이니"라고 하였네. 이 마음이 아담의 후손인 모든 인류의 마음이 되었다네. 그리고 로마서 1장 29절부터 31절에서는 "곧 모든 불의, 추악, 탐욕, 악의가 가득한 자요 시기, 살인, 분쟁, 사기, 악독이 가득한 자요 수군수군하는 자요 비방하는 자요 하나님께서 미워하시는 자요 능욕하는 자요 교만한 자요 자랑하는 자요 악을 도모하는 자요 부모를 거역하는 자요 우매한 자요 배약하는 자요 무정한 자요 무자비한 자라" 하였네. 이것이 사탄(마귀)의 속성이며 우리 모든 인류의 마음이 되었다네. 이 마음이 곧 나의 마음이라고 깨닫는 사람은 복된 사람이라네. 왜냐하면 그것을 깨달은 사람은 회개하고 구원을 받을 수 있는 사람이기 때문에 복된 사람이라 하는 것이라네. 성경의 이 말씀을 읽고도 깨닫지 못하는 사람은 불쌍한 사람이라네. 이외에도 성경 여러 곳에서 모든 인생의 이런 마음을 보게 될 걸세.

나성도:

사람의 이런 악한 마음을 선한 마음으로 바꿀 수는 없는 것인가요?

테스형:

로마서 7장 15절에서부터 25절까지 사도 바울이 고백한 말씀을 들어보면 확실하게 알 수 있다네. "내가 행하는 것을 내가 알지 못하노니 곧 내가 원하는 것은 행하지 아니하고 도리어 미워하는 것을 행함이라"(롬 7:15)라는 말씀은 내가 원하는 대로 행하는 것이 아니라 도리어 내가 원치 않는 쪽으로 행하고 있다는 탄식이라네. 그런데 그 이유가 "그것을 행하는 자가 내가 아니요 내 속에 거하는 죄니라"(롬 7:17)라고 고백하고 있다네. 내 속에 거하는 죄는 사탄을 말한다네. 왜냐하면 죄의 근원은 사탄이기 때문이지. "만일 내가 원하지 아니하는 그것을 하면 이를 행하는 자가 내가 아니요 내 속에 거하는 죄니라"(롬 7:20)라는 말씀에서 바울 사도는 악을 행하는 것은 내가 아니라 내 속에 거하는 죄(사탄)라고 말하면서 탄식하고 있다네. 어떤 면에서 우리는 피해자네. 왜냐하면 나는 악한 짓을 하고 싶지 않기 때문이네. 그러나 사탄이 나를 악한 짓을 하도록 끌고 다녀서 일어난 일이라네. 계속해서 사도 바울은 부르짖는다네. 그리고 탄식을 하면서 "내 지체 속에서 한 다른 법이 내 마음의 법과 싸워 내 지체 속에 있는 죄의 법으로 나를 사로잡는 것을 보는도다 오호라 나는 곤고한 사람이로다 누가 이 사망의 몸에서 누가 나를 건져내랴."(롬 7:23-24) 사도 바울은 절규하고 있다네. 내 마음은 내 속에 거하는 사탄에게 사로잡혀 있기 때문에 사탄이 원하는 대로 끌려다닐 수밖에 없는 존재라고, 그래서 사도바울은 고통스럽기 짝이 없다고, 누가 이 사망의 몸에서 나를 건져줄 수 있을까 하고 탄식하고 있다네. 우리는 사탄에게 사로잡혀서 사탄과 싸워 봐야 백전백패네. 이것이 우리의 운명이지. 선악과를 먹은 사람의 운명이라네. 죄의 나무에서는 죄의 열매가 열린다네. 이것이 원리라네. 죄인이 여기서 벗어나는 길은 오직 십자가의 길밖에 없다네. 예수님과 함께 죽고 부활 생명으로 다시 태어나야 한다네. 십자가에서 예수님과 함께 죽어서 죄인의 나, 아담의 나는 끝나고 부활하신 예수님이 살려 주는 영으로 내 안에 오시어 죄와 허물로 죽었던 나를 다시 살리시어 의인으로 다시 태어나야 한다네. 이 길이 유일한 길이지. 그래서 사도 바울은 로마서 7장 25절에서 우리 주 예수 그리스도로 말미암아 하나님께 감사하고 있는 것이라네. 내가 노력한다고 되는 일이 아니고 기도한다고 되는 일도 아니라네. 예수 그리스도께서 우리를 구원해 주셔서 우리가 구원된 것이라네. 우리는 이 사실을 믿음으로 받아들여서 나에게 실제가 되어야 하네. 이 얼마나 감사하고 영광스러운 일인가! 아담의 옛사람은 끝나고 예수 그리스도의 새사람으로 다시 태어나야 하는 일. 십자가 외에 다른 길은 없다네. 할렐루야!

나성도:

사람이 선악과를 따먹게 된 이유가 무엇인가요?

테스형:

사람의 깊은 속에는 위대해지려는 것이 들어 있다네. '하늘에 이르러야 한다. 내 이름을 세상에 빛내고 싶다.' 이런 것들이 마음에 자리 잡고 있지. 그렇기 때문에 우리는 선악과를 먹었다는 것을 인정하지 않을 수 없네. "너희가 그것을 먹는 날에는 너희 눈이 밝아져 하나님과 같이 되어 선악을 알 줄을 하나님이 아심이니라(창 3:5)"라고 하던 사탄의 말처럼 사람은 하나님같이 되려는 본성을 가지고 있다네. 선악과를 먹음으로 우리는 모든 것을 판단하게 되었다네. 내가 판단해서 내가 하나님이 된 것이지. 판단하실 이는 하나님밖에 없는데 내가 판단을 대신하게 되었으니 내가 하나님이 된 것이지. 물론 가짜 하나님, 짝퉁 하나님이 된 것이라네. 그리하여 사람은 모든 분야에서 하나님같이 높아지려고 애쓰고 있으며 무엇인가 하고 싶고 높아지고 싶은데 그렇게 되지 않기 때문에 그것이 바로 고통이 되는 것이지. 내 마음대로 안 되는 것이 고통이라네.

나성도:

왜 내 마음대로 안 되는 것인가요?

테스형:

물고기가 날려고 하니까 안 되는 것이라네. 새들이 물속에서 살려고 하면 살 수 있겠는가? 하나님이 정해 놓으신 위치에서 살면 마음대로 될 텐데 정해지지 않은 길에서 살려니까 고통일 수 밖에 하나님은 우리를 사람의 위치에, 천사는 천사의 위치에 살게 하시는 분이시네. 하나님을 알고 그리스도를 알면 사람의 정해진 위치를 찾게 된다네. 그럴 때 제 자리로 돌아와서 정상적인 인간이 된다는 말씀이라네.

나성도:

사람에게 좋은 씨가 들어와야 좋은 열매를 맺을 수 있다면 사람의 운명은 씨에 달려 있는 것인가요?

테스형:

사람에게 좋은 씨가 들어와야 하는데 선악이라는 열매를 맺은 씨가 들어왔다네. 그래서 판단하고 정죄하고 그런 것들이 나오게 되었고 헛된 영광을 만들게 되었다네. 자기들끼리 서로 영광이라는 것을 만들어 놓고 서로 상을 주고 계급장을 주고 있는데 그러나 그 모든 것이 가짜라네. 참 하나님의 대책은 하나님의 씨를 뿌리고 하나님이 받으실 수 있는 열매를 거두는 것이지. 이것이 하나님의 인생에 대한 완전한 대책이라네.

나성도:

사람이 선악과를 먹으면 왜 동산을 지킬 수 없는 것인가요?

테스형:

사람은 선악을 알게 하는 실과를 먹으면 절대로 동산을 지킬 수가 없다네. 내가 만일 불행하다면 왜 불행한가? 이런저런 환경 때문에 불행한가? 그렇지 않다네. 지식 때문에 불행한 것이라네. 환경은 똑같은데 한 사람은 불행하다고 생각하고 한 사람은 좋게 생각하기 때문이지. 결국은 생각이 중요하다네. 나쁜 것으로 생각하는 사람은 불행하고 좋은 것으로 생각하는 사람은 행복하지. 지식에 행복이 좌우되고 있다네. 인생은 지식 때문에 엉망이 되고 있어. 능히 행복하게 살 수 있는 것도 불행하게 만들어 버린다네. 하나님은 인생에 필요한 모든 것을 펼쳐 놓으셨고. 거기서 넉넉하게 살 수 있도록 펼쳐 놓으셨지. 자연의 모든 것들은 하나님이 펼쳐 놓은 세계 안에서 행복하게 살고 있다네. 그런데 오직 사람만 거기서 불행이니 행복이니 하고 있지. 사람이 무엇인가를 만들어 놓았기 때문이라네. 제도를 만들고 지식을 만들어 놓고 이것은 좋은 것이고 저것은 나쁜 것이라고 해 놓았기 때문이지. 그 속에 살면서 어떤 사람은 좋아하고 어떤 사람은 불행하다고 한다네. 지식으로 인해서 성적을 만들어 놓으니까 성적이 좋은 학생은 즐거워하지만 성적이 나쁜 학생은 비참하다네.

나성도:

하나님께서는 왜 선악과를 먹으면 안 된다고 하셨나요?

테스형:

생명은 연합하게 하고 지식은 분리하게 한다네. 동산을 지으신 목표는 무엇인가? 하나님이 우리와 함께 사시려는 것이라네. 그러나 선악을 아는 지식이 들어가면 연합할 수 없고 선악을 판단하는 마음이 생기기 때문에 같이 살 수가 없네. 나는 선이고 너는 악이라고 판단하기 때문에 나와 너는 연합할 수 없고 분리할 수밖에 없는 것이지. 그러므로 서로 다른 두 실체가 연합하여 하나로 사는 데 있어서 선악을 아는 지식은 절대 금물이라네. 하나님이 동산을 창설하신 목표는 생명 안에서 유기적인 연합을 위해 동산을 지으신 것이라네. 그러므로 선악을 아는 지식이 있어서는 절대로 안 된다네. 오직 생명만이 필요하며 생명 외에는 어떤 것도 필요치 않지. 한 생명만이 우리를 참 연합으로 이끌어 간다네. 손이 훌륭하거나 발이 훌륭해서가 아니라 한 몸 안에 있기 때문에 손과 발이 맞는 것이지. 이것은 생명을 먹어야 가능하며 지식을 먹으면 불가능하다네. 그래서 지식의 열매를 먹지 말라고 하신 것이지. 아담에게 하와가 필요하다는 것은 하나님께서 배필이 필요하다는 것을 표현한 것이며 하나님은 배필인 사람이 없으면 표현이 불가능하다네. 남자는 배필이 없으면 생산을 하지 못하며 씨가 아무리 많아도 흙이 없으면 농사를 지을 수 없듯이 말이야. 흙은 씨의 배필이며 사람도 하나님도 배필을 필요로 한다네. 그렇기 때문에 배필을 얻기 위해서는 선악과를 먹으면 안 된다네. 서로 지식으로 판단하면 연합이 안 되고 분리가 되기 때문이지. 생명만이 연합하게 한다네. 그래서 생명나무 열매를 먹어야 한다는 것이지.

나성도:

어떻게 십자가만이 둘을 하나로 만들 수가 있나요?

테스형:

십자가는 죽음과 끝남의 상징이라네. 유대인도 이방인도 끝나면 하나가 되며 유대인이라는 지식과 이방인이라는 지식이 끝날 때 하나가 되는 것이지. 그래서 십자가로 말미암아 둘이 하나가 된다네. 십자가에 못 박혀 끝나니 하나가 된 것이지. 선악을 아는 지식 이것이 바로 사람의 생명이 되었기 때문에 이것이 싸움을 일으키고 불행을 일으키며 판단을 일으키고 하나님과 사람을 가른다네. 십자가로 말미암아 내가 끝나는 것이며 그렇지 않고서는 도저히 끝날 수가 없다네. 자기가 끝난 다음에 비로소 정상적인 것이 보이게 되며 배필을 얻기 위해서는 선악과를 먹으면 안 된다네. 아담 안에서 모든 사람은 죄인이 되었고 아담 안에서 모든 사람은 사망에 이르렀다네(롬 5:12). 영생은 하나님을 누리는 것이고 선악은 사탄을 누리는 것이라네. 그래서 선악과를 먹은 사람은 생명나무 열매를 먹고 영생해서는 안 된다네. 사람은 하나님을 누리도록 창조되었지만 선악을 아는 지식으로 하나님을 누릴 수 없게 되었지. 선악을 아는 지식은 자기와 자기가 싸우고 자기와 남이 싸우고 자기와 하나님이 싸우게 된다네. 이것이 사탄의 왕국인 세상이요 지옥이라네. 아담이 생명나무를 버리고 선악을 알게 하는 나무 열매를 먹어서 하나님과 합하지 못하고 사탄과 합한 것이지. 그는 생명을 사랑하지 않고 사탄(천사)을 사랑한 것이라네. 생명을 무시하고 동산에 거할 수 없으며 하나님을 사랑하지 않고 그 안에 거할 수 없다네.

나성도:

선악의 근본은 무엇인가요?

테스형:

선악의 근본은 생각이네. 그러나 어떤 경우에는 선한 생각이 악한 생각이 될 수 있고, 반대로 악한 생각이 선한 생각이 될 수도 있다네. 그러므로 어느 것을 절대적으로 좋다 하고 어느 것을 절대적으로 나쁘다 할 수 없네. 선과 악은 같은 것이지. 선도 악도 생각에서 나온 것이기 때문이라네. 에덴동산에는 생명나무와 선악을 알게 하는 나무가 있었지 않나. 선악을 알게 하는 나무에서 나온 것이 생각이네. 생각이 있으니 선과 악이 있지 생각이 없으면 선도 악도 없다네. 인생은 천사를 부러워하거나 두려워할 자가 아니며 오히려 하나님을 표현함으로써 천사를 지배할 자리이며 우리가 하나님을 표현한다면 천사를 지배하고 천사들의 도움을 받아서 세상을 다스릴 자들이라네. 천사들은 원래 만들어질 때 하늘에서는 하나님을 돕고 땅에서는 사람을 돕도록 만들어졌기 때문이지. 사람이 사람의 정해진 자리에 오게 되면 천사들은 사람을 돕는다네. 그러나 사람이 사람의 자리에 있지 아니하면 천사들은 사람을 지배하고 만다네. 그러므로 사람이 사람의 자리로 올때 천사는 천사의 자리로 간다네. 사람이 사람으로서 예수님과 같이 사람의 자리에서 인자로 드러날 때 하나님이 보시기에 심히 좋다고 하실 것이네.

10. 생명과를 먹은 사람

나성도:

많은 사람이, 교회 다니지 않는 사람들까지도 선악과에 대하여는 알고 있지만 생명과에 대하여는 잘 모르고 있습니다. 저도 교회를 다니면서 지금까지 생명과를 주제로 한 설교를 들어본 적이 없습니다. 생명과에 대하여 알고 싶습니다.

테스형:

에덴동산 가운데에 있던 생명나무는 생명자체이신 예수님이시며. 생명나무 열매인 생명과를 먹으라는 말씀은 예수님을 먹으라는 말씀이라네. 우리가 음식을 먹으면 그 음식이 나와 하나가 되듯이 생명과를 먹으라는 것은 예수님을 먹고 예수님과 하나가 되라는 말씀이라네. 요한복음 6장 51절에서 "나는 하늘에서 내려온 살아 있는 떡이니 사람이 이 떡을 먹으면 영생하리라 내가 줄 떡은 곧 세상의 생명을 위한 내 살이니라" 하셨다네. 예수님의 이 말씀을 들은 유대인들은 이 말씀의 뜻을 이해할 수가 없어서 "서로 다투어 이르되 이 사람이 어찌 능히 자기 살을 우리에게 주어 먹게 하겠느냐"(52절) 하는 모습을 볼 수 있다네. 예수님은 이 사람들을 향하여 계속해서 말씀하신다네. "내가 진실로 진실로 너희에게 이르노니 인자의 살을 먹지 아니하고 인자의 피를 마시지 아니하면 너희 속에 생명이 없느니라 내 살을 먹고 내 피를 마시는 자는 영생을 가졌고 마지막 날에 내가 그를 다시 살리리니 내 살은 참된 양식이요 내 피는 참된 음료로다."(53-55절) 이 말씀은 예수께서 가버나움 회당에서 가르치실 때에 하신말씀이지.

나성도:

하나님께서 사람을 창조하신 목적은 무엇인가요?

테스형:

하나님의 사람 창조 목표는 연합에 있다네. 하나님과 사람이 연합하고 사람과 사람이 연합하여 최종적으로 하나님의 나라를 이루는 것이 하나님의 최종 목표라네. 연합하기 위해서는 선악과를 먹으면 안 되고 생명나무 열매를 먹어야 하네. 연합의 길로 들어가기 위해서는 생명과를 먹어야 한다네. 선악을 알게 하는 열매를 먹으면 안 되는 이유는 생명은 연합하고, 선악을 알게 하는 지식은 판단과 분열을 일으키기 때문이지. 생명은 생명끼리만 연합할 수 있다네. 둘이 나란히 있는 것은 연합이 아니며. 본질적으로 나무는 나무끼리 식물은 식물끼리 연합되는 것이지. 연합은 생명 안에서 찾아야지 생명 아닌 다른 데서는 연합을 찾을 수 없다네.

나성도:

사람을 하나님의 짝으로, 하나님의 배필로 지으셨다는 말씀인가요?

테스형:

사람은 하나님을 생육하고 번성하게 할 그의 배필로 지어졌다네. 그러나 사탄은 종이요 부리는 영으로서. 그는 간교하며. 자기가 종이기 때문에 사람도 종으로 만들려고 한다네. 아담은 이 사탄의 계교에 넘어갔으며. 선악과를 먹은 인간은 하나님을 생산할 수가 없게 돼 선악의 혼란만 생산할 뿐이네. 그는 선악 중에서 선만 키우려고 노력하지만 한 번도 성공한 적이 없다네. 인간은 영원히 실패자가 되었으며. 종의 근성만 남았다네. 그래서 하나님께 나아갈 때 종의 근성이 있어 아들이나 배필로 나아갈 수 없게 되었지.

나성도:

아담은 높아지려다 사탄에게 속아서 선악과를 먹고 실패하였는데 예수님은 어떻게 사탄을 이기셨나요?

테스형:

아담은 높아지려다 속고 말았지. 그러나 예수님은 낮아지심 앞에서 이겼다네. 아담은 지식을 얻으려다 실패했지만, 예수님은 생명으로 이겼다네. 높아지려 하면 낮아질 것이요, 지식을 얻으려 하면 넘어질 것이네. 강해지려고 하면 약해질 것이며 약하려 하면 강해질 것이네. 주 예수님의 이기심을 찬양하세! 그에게 우리의 희망이 있음을 기억하세. 한 사람 예수에게만 희망이 있음을……

나성도:

하나님께서 사람을 남자와 여자로 지으신 것은 어떤 이유가 있는 것인가요?

테스형:

여자라는 구조 안에서는 받아들이고 남자라는 구조 안에서는 나타내는 것이라네. 이래서 사람은 남자와 여자로 지어졌다네. 여자는 사람의 받아들이는 구조를 대표하고 있다네. 선악과를 먹든 생명과를 먹든 여자-사람으로 먹은 것이라네. 여자-사람은 먹고 남자-사람은 나타내는데. 먹고 나타내는 것이 하나일 때 완전해지는 것이지. 나는 하나님께서 사람을 남자와 여자로 지으신 것을 찬양한다네. 나는 여자-사람이 된 것을 감사한다네. 선악과를 먹은 사람임에도 불구하고 이제 예수 그리스도로 말미암아 생명과를 먹고 보니 여자-사람이 된 것이 얼마나 기쁘고 복된지! 내가 만일 여자-사람이 아니었다면 선악과를 먹지 않아서 좋을지 모르지만, 영원한 생명이신 예수인 생명과를 먹지도 못했을 것이기 때문이라네. 여자이기 때문에 악한 자의 아내가 될 수밖에 없었다면 여자이기 때문에 선한 자의 아내가 될 수 있는 것이 아닌가! 사탄의 종이 될 수 있는 구조를 가지고 있지 않았다면 하나님의 종이 될 수도 없는 것이 아니겠는가. 사람은 주님이 있어야 하도록 지어졌다네. 그렇기 때문에 사람은 사탄을 주님으로 섬기게 되었던 것이지. 사람은 누구를 섬기던지 섬기는 자의 종이 된다네(롬 6:16). 하나님을 섬기면 하나님의 종이 되고 하나님의 자녀가 될 수 있으니 이 얼마나 큰 축복인가!.

나성도:

사람이 생명과를 먹으면 무엇이 달라지나요?

테스형:

선악과를 먹으면 사탄과 하나가 되고 생명과를 먹으면 하나님과 하나가 되며. 하나가 되면 두려움이 없다네. "사랑 안에는 두려움이 없고 온전한 사람이 두려움을 내쫓나니 두려움에는 형벌이 있음이라."(요일 4:8) 사랑은 생명의 결과이며. 생명이신 그리스도를 먹으면 하나님과 하나가 된다네. 그 하나 됨 안에 사랑이 있다네. 그리스도는 하나님과 하나 되게 하는 양식이며 십자가에 못 박힌 그 사람 그는 영원한 우리의 양식이라네.

나성도:

사람이 선악과를 먹으면 동산 안에 거할 수 없고 생명과를 먹으면 동산 안에 거할 수 있는 것인가요?

테스형:

사람은 땅(자신)을 경작하여 하나님의 형상을 바쳐야 할 자로 창조되었다네. 그러나 그 길은 동산 안에서 생명과를 먹음으로써 가능하며. 선악과를 먹고는 동산 안에 거할 수 없고, 동산에 거하지 않고는 땅을 경작해도 사탄의 창고를 채울 뿐이네. 모든 생명은 자기를 지으신 하나님을 위하여 있고 그를 나타내기 위하여 있다네. 그러므로 그 지은 바 만물을 보면 그 하나님을 알 수 있고(롬 1:20). 하나님은 혼자 사는 것을 좋아하지 않으시는 분이시라네(창 2:18). 생명은 둘로 하나를 이루며. 사탄이 선악과를 준 것은 둘로 하나를 이룬 생명을 파괴하여 판단하는 개체를 만듦으로 죽음에 이르게 하기 위해서라네. 판단하는 개체는 자기도 판단하고 남도 판단하기 때문에 하나가 될 수 없고분열을 가져올 뿐이지.

나성도:

사람이 생명과를 먹으면 어떤 성품의 사람이 되나요?

테스형:

사람이 선악과를 먹으면 사탄의 사람이 되어 사탄의 성품이 되고, 생명과이신 예수님을 먹은 사람의 성품은 예수님의 성품과 같게 된다네. 사도 바울은 갈라디아서 5장에서 생명과인 예수님을 먹은 사람의 성품을 성령의 열매로 표현하고 있다네. "오직 성령의 열매는 사랑과 희락과 화평과 오래

참음과 자비와 양선과 충성과 온유와 절제니 이같은 것을 금지할 법이 없느니라."(갈 5:22-23) 이 얼마나 아름다운 마음인가?

나성도:

지금 우리는 어떻게 하여야 생명과를 먹을 수 있나요?

테스형:

에덴동산 안에서 생명나무로 있던 예수님이 이 세상에 사람으로 오셔서 "나는 하늘에서 내려온 살아 있는 떡이니 이 떡을 먹으면 영생하리라 내가 줄 떡은 곧 세상의 생명을 위한 내 살이니라 … 예수께서 이르시되 내가 진실로 너희에게 이르노니 인자의 살을 먹지 아니하고 인자의 피를 마시지 아니하면 너희 속에 생명이 없느니라 … 내 살은 참된 양식이요 내 피는 참된 음료로다"(요 6:51, 53, 55)라고 하셨다네. 생명과이신 예수님을 먹으려면 어떻게 해야 하는가? 선악과를 먹은 사람(사탄과 하나 된 사람)은 생명나무로 가는 길을 하나님이 막으셨다네. 예수님은 선악과를 먹은 우리를 구원하시기 위하여 그 길을 십자가에서 이루어 놓으셨다네. 십자가에서 예수님과 함께 죽고 함께 부활 생명으로 다시 태어나야 한다네. 십자가에서 아담의 옛사람은 죽음으로 끝나고 예수님과 함께 부활 생명으로 다시 태어나 새사람이 되어야 한다네. 오직 이 길 이 한 길 뿐이라네.

11. 믿음

나성도:

성경에서 말하는 믿음은 무엇인가요?

테스형:

"네가 만일 네 입으로 예수를 주로 시인하며 또 하나님께서 그를 죽은 자 가운데서 살리신 것을 네 마음에 믿으면 구원을 얻으리니."(롬 10:9) 바울 사도는 로마서에서 구원을 받으려면 우리 마음에 믿음이 있어야 한다고 강조하고 있다네. 기독교 신앙은 믿음이라네. 행위로 구원을 받는 신앙이 아니라네. 일제 36년 동안 식민지 생활에서 1945년 8월 15일 해방이 되었다네. 우리나라가 해방이 되었어도 깊은 산골에서 소식을 듣지 못하면 그 사람에게는 아직 해방이 오지 않은 것과 같으며. 또 그 소식을 듣고도 믿지 못하면 그 사람에게는 아직 해방이 오지 않은 것이라네. 구원의 소식을 듣고도 믿지 못하는 사람은 이와 같은 것이 아니겠는가!

나성도:

우리가 어떻게 하여야 믿음이 생기게 되나요?

테스형:

"믿음은 들음에서 나며 들음은 그리스도의 말씀으로 말미암았느니라."(롬 10:17) 믿음은 사람의 노력이나 결심으로 되는 것이 아니며. 믿음은 그리스도의 말씀을 듣고 그 말씀으로 인하여 오는 것이라네. 그래서 믿음을 선물이라 한다네. 예수 그리스도의 말씀은 어디에서 듣는가? 성경이 바로 예수 그리스도의 말씀이지. 그러므로 성경 말씀을 떠나서 믿는다는 믿음은 자기의 생각이지 성경에서 말하는 믿음은 아니며. 성경을 머리로만 알았다고 해서 되는 것은 아니며. 성경 말씀은 먹는 말씀이라네. 그 예수 그리스도의 말씀이 내 안에서 실제가 되어야 하며. 성경 말씀은 한 번 읽었다고 되는 일이 아니고. 성경을 읽고 읽다가 보면 내 생각이 부서지고 부서지는 만큼 믿음이 주어지는 것이라네.

나성도:

"영접하는 자 곧 그 이름을 믿는 자들에게는 하나님의 자녀가 되는 권세를 주셨으니"(요 1:12)라고 할 때 예수님을 영접하는 것과 예수님을 믿는다는 것은 같은 것인가요?

테스형:

여기서 영접한다는 것은 나의 영 안에 영이신 예수님을 받아들여서 하나가 되는 것을 말한다네. 예수님을 믿는다는 것은 나와 하나가 된다는 말과 같은것이지. 그렇기 때문에 사람들이 일반적으로 사용하는 믿음과는 다르다네. 세상의 믿음은 너는 너대로 있고 나는 나대로 있으면서 서로 신뢰하겠다는 것이지. 믿음은 하나 되는 것 그래서 믿는 것과 영접하는 것은 같은 의미라네.

나성도:

로마서 1장 17절에서 복음에는 "하나님의 의가 나타나서 믿음으로 믿음에 이르게 하나니 기록된 바 오직 의인은 믿음으로 말미암아 살리라" 하였습니다. 이 말씀 중에서 믿음으로 믿음에 이른다는 말이 잘 이해가 안 되는데요. 어떤 뜻인지요?

테스형:

예수님은 믿음의 주이시며. 예수님이 믿음이시라는 말씀이지. 믿음이신 그 예수님과 내가 하나가 되면 예수님의 그 믿음이 내 믿음이 되어서 나의 믿음이 더욱 믿음에 이른다는 말이라네. 사람에게서 나온 믿음은 때와 장소에 따라서 변하며. 자기의 이해관계에 따라서 변한다네. 그렇기 때문에 사람에게서 나온 믿음은 믿을 수 없는 믿음이지. 믿음의 조상 아브라함의 믿음을 보면 알 수 있네. 백 세에 얻은 아들 이삭을 하나님이 바치라는 말씀에 순종하여 모리야산에서 제물로 바쳤지 않는가. 이런 믿음은 사람에게서 나온 믿음이 아니라. 주님에게서 받은 믿음이지. 수많은 믿음의 선조들을 보면 알 수 있다네. 그들은 목숨을 버리면서까지 하나님에 대한 믿음을 버릴 수 없었다네. 이것이 진짜 믿음이 아니겠는가!

나성도:

교회에서 신부님이나 목사님에게 성경 말씀을 물어보면 무조건 믿으라고만 하는데 그 말씀을 듣다 보면 믿음이 없는 것이 노력이 부족하거나 결심이 부족해서 그렇다는 말씀으로 들리는데요. 그런 것인가요?

테스형:

부모가 자식을 사랑하지 않는가. 부모가 자식을 사랑하려고 노력해서 사랑하는 것이 아니지 않는가. 어떤 때는 미워서 사랑하지 않으려 해도 사랑하게 되는 것. 믿음도 이와 마찬가지라네. 믿음이 오고 나면 믿지 않으려 해도 믿어지는 것이 믿음이네. 그러나 믿음은 움직이며. 약해질 수도 있고 강해질 수도 있지. 항상 똑같은 것은 아니네. 믿음의 주이신 십자가의 예수님을 바라보세! 예수님의 말씀(성경)을 듣고 또 듣고…

나성도:

믿음의 내용은 무엇인가요?

테스형:

단순한 지식의 차원을 넘어서 구주 예수를 삶의 주인으로 인정하고 삶의 방향을 그분에게로 전환하여 모든 것을 이루시는 분은 오직 하나님이신 것을 절대적으로 믿는 것을 말한다네. 하나님을 신뢰하고 그분이 천지의 창조주요, 주관자이심을 믿고 이루신 일을 믿는 것이라네. 예수 그리스도의 인격과 그분의 가르침과 구속 사역, 곧 예수 그리스도의 성육신과 십자가 죽음과 부활, 재림과 최후의 심판을 신뢰하고 그분이 유일한 구세주이심을 믿음으로 받아들이는 것. 예수님은 많은 병자를 고치시고 네 믿음이 너를 구원했다고 말씀하셨지. 예수님은 이 일이 이루어질 것을 네가 믿느냐고 물으신다네. 믿음이 중요하다는 뜻이지. 하나님의 구원을 받으려면 믿음이 절대적으로 필요하다네. 믿음은 죄로 죽었던 우리를 살리기 때문에 절대적으로 중요하지. 그러나 믿음은 무조건 믿으라고 해서 되는 일이 아니네. 믿음을 주시라고 하나님께 기도하세나. "구하라 그러하면 주실 것이요 찾으라 그러하면 찾아낼 것이요 문을 두드리라 그러하면 너희에게 열릴 것이니."(마 7:7)

12. 회개

나성도:

교회에서 회개하라 하면 주로 행위로 지은 죄를 떠올리고 그것을 뉘우치고 다시는 그런 죄를 짓지 않겠다고 다짐하고 결심하는 것을 회개로 알고 있는데 회개란 그런 것인가요?

테스형:

대부분의 사람은 회개를 그렇게 알고 있는 것도 사실이네. 그러나 회개는 그런 수준에서 그치면 안 된다네. 회개를 한문으로 풀어 보면 뉘우칠 회(悔)와 고칠 개(改)자를 쓰고 있다네. 이 글대로 보면 뉘우치고 고친다는 의미로 알 수 있지. 그러나 그 죄를 뉘우치고 또 죄를 짓고 또 뉘우치고 또 죄를 짓는 반복된 회개는 문제가 있는 회개라네. 이것은 마치 독초가 나온 것을 낫으로 베어 내는 것과 같다고 할 수 있네. 독초를 베고 나면 또 자라지. 끝도 없는 반복일 뿐이네. 독초를 없애는 방법은 그 근원인 뿌리를 뽑아 버려야 해결된다네. 죄의 회개도 마찬가지라네. 죄의 근원부터 알아야 한다는 말이지.

나성도:

성경에서 말하는 죄 근원은 무엇인가요?

테스형:

하나님의 명령을 거역하고 사탄의 말에 순종하여 선악과를 따먹은 것이 죄라네. 선악과를 먹음으로써 사탄과 하나로 연합되어 사탄의 종이 된 것이며. 하나님과는 분리된 것이 근본적인 죄라네. 생명이신 하나님과 분리됨으로써 사람은 생명이 없는 존재가 되었지. 사망의 존재가 된 것이지. 이 사람을 죄인이라 고 부른다네. 아담의 후손인 모든 인류는 존재 자체가 죄인 된 것이지. 죄인이기 때문에 죄를 지을 수밖에 없는 존재가 된 것이라네. 다윗왕은 죄를 범한 후에 자신이 어머니 태에서부터 죄인이었음을 고백하고 있다네. 다윗왕이 고백하고 있듯이 우리는 태어나기 전부터 죄인이고. 죄를 범한 적이 없어도 죄인이네. 존재 자체가 죄인이기 때문에 죄를 지을 수밖에 없는 존재가 되었지. 사과나무에서 사과가 열리듯 죄의 나무인 죄인에게서는 죄라는 열매밖에 다른 열매를 맺을 수 없네. 사과나무에서 사과가 열리지 않아도 사과나무이듯 죄인인 사람은 죄를 범한 적이 없어도 죄인이라네. 그런데도 사람들은 회개하라고 하면 행위로 지은 죄만을 뉘우치고 반성하는 것으로 알고 있다네. 기독교인들조차 죄의 근본을 모르는 사람들이 대부분인데 죄의 근본을 모르고 하는 회개는 진정한 회개가 될 수 없는것이지.

나성도:

교회에 다니는 사람들은 자기가 죄인이라고 고백하고 있는데요. 왜 죄인임을 모르는 사람들이 많다고 하시는지요?

테스형:

교회에 다니는 사람들은 모두 자기가 죄인이라고 말을 한지만. 교회에서 배워서 머리로는 죄인이라고 알고 있지. 그러나 가슴으로는 죄인이라고 인정하지 않는다네. 머리로는 죄인이고 가슴으로는 의인이거나 의인에 가깝다네. 이런 사람들은 말로만 죄인이고 실상은 죄인이 아니라 자신은 의인이라 생각하지. 의인은 회개할 것이 없다네. 죄인만이 회개가 필요하지 그렇지 않은가.

나성도:

그러면 올바른 회개란 무엇인가요?

테스형:

올바로 회개하기 위해서는 자기가 죄인임을 확실하게 알아야 하고. 그리고 그 죄로부터 돌아서서 하나님께로 향해가는 것이 회개라네. 탕자의 비유에서 아버지를 떠났던 아들이 죄로부터 돌이켜 아버지께로 가는 것이 회개라네. 자기 죄가 발견되고 그 죄가 싫어져야 사람이 그 죄에서 돌아설 수가 있다네. 사탄의 나라 사람에서 하나님 나라의 사람이 되기 위해 사탄에게서 돌아서는 것 좀 더 정확히 말하면 죄인(사탄의 종)인 내가 예수님과 함께 십자가에서 죽고 부활하신 예수님의 사람으로 다시 태어나는 것이 진정한 회개라네. 죄인이 의인이 되는 것이지. 회개가 구원을 받기 위한 출발점이며. 회개 없이는 구원은 없다네. 세례자 요한은 외치고 있지. "회개하라 천국이 가까이 왔느니라."(마 3:2)

나성도:

죄인이 힘써서 노력하면 의인이 될 수 있나요?

테스형:

사람이 외모로 보면 죄인이나 의인이나 다를 바가 없지. 그러나 영의 눈으로 보면 완전히 다른 존재라네. 개의 생명과 새의 생명이 다르듯 다른 존재라네. 죄인은 사탄과 하나가 된 생명이고 의인은 하나님과 하나가 된 생명이네. 개가 노력한다고 해서 새가 될 수 없지 않나. 사람의 생명을 리모델링해서 바꿀 수 없으며. 개가 새가 되려면 노력한다고 될 일이 아니고. 개가 죽어서 새로 태어나는 길밖에 없다. 같은 원리이지. 죄인이 의인이 되는 길은 죄인으로서 생명을 끝내고 다시 태어나는 길밖에 없다네. 죄인이 의인의 생명으로 다시 태어나는 길은 오직 십자가의 길밖에 없네. 예수님과 함께 십자가에서 못 박혀 죽고 부활하신 예수님의 생명으로 다시 태어나야 한다네. 물과 성령으로 거듭나지 아니하면 하나님 나라에 들어갈 수 없으며. 물과 성령으로 다시 태어나는 것이 구원이라네. 내가 노력해서 의인이 될 수 없으며. 구원자이신 예수님이 나를 구원해 주셔야만 가능한 것이지. 그러므로 구원은 선물이고 은혜이며. 사람이 회개 없이 구원을 받는 길은 없으며. 회개가 곧 구원의 길이라네.

나성도:

죄인의 마음과 의인의 마음은 어떻게 다른가요?

테스형:

죄인에게서는 사탄의 마음이 나오고 의인에게서는 예수 그리스도의 마음이 흘러나온다네. 죄인의 마음에서는 "음행과 더러운 것과 호색과 우상 숭배와 주술과 원수 맺는 것과 분쟁과 시기와 분냄과 당 짓는 것과 분열함과 이단과 투기와 술 취함과 방탕함과 또 그와 같은 것들이"(갈 5:19-21) 흘러나오며. 이것이 죄인의 마음이네. 죄인이 이런 마음을 내지 않으려 해도 소용이 없고. 노력한다고 이런 마음이 다른 마음으로 되는 것은 불가능하다네. 의인의 마음은 예수님의 마음 즉. "사랑과 희락과 화평과 오래 참음과 자비와 양선과 충성과 온유와 절제니 이같은 것을 금지할 법이 없느니라."(갈 5:22-23) 개가 짖는 것은 배워서 짖는 것도 아니고 노력해서 되는 것도 아니며. 자연히 그냥 흘러나오는 것이지. 죄를 짓지 말라고 해서 되는 일이 아니고. 죄를 짓지 않는 길은 의인으로 다시 태어나는 길밖에 없다네. 의인이 되면 나의 마음이 예수님의 마음과 하나가 되어 사랑과 희락과 화평 등이와 같은 마음이 그냥 자연스럽게 흘러나오는것이지. 사람이 그런 마음을 가지려고 노력한다고 되는 것이 아니지. 모든 사람이 올바른 회개로 구원받기를 진심으로 바라고 기도드리겠네.

13. 구원

나성도:

성경에서 말하는 구원이란 무엇이며, 구원과 거듭남이란 다른 것인가요? 같은 것인가요?

테스형:

구원이란 죄와 사망의 권세로부터 그 사람을 건져 내어 영원한 생명을 누리게 하는 것이며. 죄로부터 탈출하는 것이지. 출애굽 사건이 대표적인 사건인데. 선악과를 먹은 인생이 생명과를 먹은 인생으로 다시 태어나는 것이지. 죄인이 의인으로 다시 태어나는 것. 아담의 옛사람이 죽어서 끝을 내고 예수 그리스도의 새사람으로 다시 태어나는 것이라네. 사망에서 생명으로 옮기는 것이 구원이며. 구원은 구원자인 예수 그리스도의 십자가에서 이루어진다네. 아담의 옛사람은 십자가에서 죽음으로 끝내고 부활하신 예수 그리스도의 생명으로 다시 태어나는 것. 이 길만이 유일한 구원의 길이라네. 구원과 거듭남은 같은 뜻의 다른 표현이라네. 구속, 속량, 대속도 구원과 같은 뜻의 다른 표현이지. 물과 성령으로 거듭나지 아니하면 하나님 나라에 들어갈 수 없다네.

나성도:

아담의 인생은 왜 죽고 다시 사는 생명이 되어야 하는 것인가요?

테스형:

선악과를 먹은 생명은 사망이고, 부활 생명은 영생이라네. 선악과를 먹은 생명이 끝나야 부활 생명이 오기 때문이지. 하나님께서는 부정을 통해서 긍정을 이루시며. 부정을 오히려 긍정으로 바꾸신다네. 그러므로 사탄이 그 어떤 것으로 도전해 온다 해도 하나님은 반드시 승리하신다네. 그러나 아담은 생육하고 번성할수록 더욱더 실패할 것이고, 아담이 많아질수록 실패는 더욱더 많아질 것이네. 그러므로 이제 아담은 끝나야 하고 승리자이신 그리스도가 생육하고 번성하며 땅에 충만해야 한다네.

나성도:

사탄은 왜 사람을 꾀어 선악과를 먹게 했나요?

테스형:

사탄은 사람을 꾀어 선악과를 먹게 하였는데. 사탄의 목적은 선악과를 먹게 함으로써 사람을 자기의 종으로 만들려는 것이네. 사탄은 하나님의 일을 방해하고 사탄의 나라를 건설하는 데 목적이 있다네. 하나님께서 네가 이것을 먹으면 반드시 죽으리라 하였지만 사람은 사탄에게 속아 선악과를 먹게 되었고. 결국 사람은 선악과로 생명을 삼았으며. 선악을 판단하는 것이 사람의 생명이 되어 가는 곳마다 싸움과 분쟁밖에 없게 되었다. 선악과를 먹은 사람은 죽고 부활생명으로 다시 살아나야 한다네.

나성도:

옛 생명과 부활 생명은 어떻게 다른가요?

테스형:

부활생명은 죽음을 거쳐서 나온 생명이며. 그러므로 옛 생명은 부활 생명과 다르다네. 사탄은 하나님이 창조한 생명을 유린하고 사망에 빠뜨렸지. 그러나 하나님은 사망을 사망으로 심판하시고 부활 생명을 창조하셨네. 이제 부활 생명은 다시는 사탄에게 유린 당할 필요가 없고 다시는 죄와 상관 없으며, 하나님은 이제 영원한 생명의 씨를 위하여 그의 아들을 십자가에 넘기셨다네. 하나님은 그의 사랑하는 자를 왜 돌보지 않겠는가? 그것은 돌보지 않는 것이 아니라 다시 살게 하려는 것이네. 옛 생명을 언제까지 돌볼 것인가? 옛 생명은 부활을 통하여 부활 생명이 되어야 한다네. 죽음을 확인하고 또 확인하세. 죽음이 없이는 부활도 없다네. 완전한 죽음을 확인한 후에 부활의 싹인 감람잎이 보인다네. 부활은 우리의 영원한 운명이라네.

나성도:

예수님께서 "내 살을 먹고 내 피를 마시는 자는 내 안에 거하고 나도 그의 안에 거하나니"(요 6:56)라고 하셨는데 이 말씀을 하시는 뜻은 무엇인가요?

테스형:

예수님을 믿고 예수님을 경배하고 예수님을 존경하는 사람은 많다네. 그러나 그를 먹어서 섞어진 사람은 드물다네. 그의 소원은 믿음의 대상이 되는 것만도 아니요, 경배의 대상이 되는 것만도 아니라네. 오직 그의 소원은 섞이는 것(연합)이라네. 물리적 섞임이 아닌 생화학적 섞임을 원하고 있다네. 그러므로 그는 우리를 십자가 안으로 이끄시는 것이며. 거기서 완전히 섞일 수 있기 때문이지. 하나님과 사람의 만남처럼 아름다운 것은 없다네. 이것은 구름 사이에 있는 무지개라네. 그러므로 무지개는 신성과 인성의 만남인 그리스도라네. 이 그리스도의 나라 안에 사망은 영원히 없다네. 부활 생명의 마당은 하늘이 아닌 땅이며. 주 예수님도 승천하실 때 땅으로 다시 오실 것을 약속하고 있다네. 부활 생명은 높이 승격된 생명이며, 이 승격된 생명은 땅을 유린했던 사람을 정복하고 다시 땅을 찾아 경작하여 높은 생명을 풍요롭게 생산 할 수 있다네. 이 얼마나 큰 하나님의 승리이며, 사람의 복된 삶인가!

나성도:

하나님의 의와 사람의 의는 어떤 관계가 있나요?

테스형:

하나님의 의는 인간의 선악의 개념으로는 이해할 수가 없다네. 하나님은 만민을 구원하시기를 원하신다네. 그러나 멸망 받을 자는 하나님의 구원을 거절한다네. 사람도 자기의 의 때문에 하나님의 의를 멸시하고, 자기의 계획 때문에 하나님의 계획을 거역한다네. 멸망을 스스로 취한 것이라네. 예수님은 우리가 먹을 무량한 양식이 아닌가! 언제 그리스도가 모자랐던가? 주 예수는 우리가 수고롭게 먹을 양식이 아니라네. 넘치게 먹을 양식이라네. 예수를 먹는데 땀이 흐르는가? 그가 당신에게 인색하였던가? 그렇다면 당신은 예수를 먹고 있지 않은 것이네. 주 예수는 넉넉하여 우리의 수고를 필요로 하지 않는 양식이라네. 예수님은 죽음으로 죽음을 이기시고 죽음에 대하여 일생을 종노릇 하는 자들을 놓아주셨다네(히 2:15).

나성도:

세상 안에나 아담 안에는 새것이 없는 것인가요?

테스형:

전도서 1장에서 헛되고 헛되며 헛되고 헛되니 모든 것이 헛되도다 하면서 새것이 있는가 하고 찾아봤지만, 새것은 없다고 하였네(1-10절 참조). 모든 것이 옛사람이 하고 간 것을 되풀이하는 것일뿐. 그런데 새것이 있다네. 고린도후서 5장 17절에는 "그런즉 누구든지 그리스도 안에 있으면 새로운 피조물이라 이전 것은 지나갔으니 보라 새것이 되었도다"라고 하였지. 그리스도 안에만 새것이 있으며. 세상 안에나 아담 안에는 새것이었다네.

나성도:

몸의 구원은 어떻게 이루어지나요?

테스형:

영의 구원이 먼저 이루어지고 몸의 구원은 예수님의 재림 때에 이루어진다네. "육의 몸으로 심고 신령한 몸으로 다시 살아나나니 육의 몸이 있은즉 또 영의 몸도 있느니라."(고전 15:44)

나성도:

안식일이란 무엇인가요?

14. 안식일

테스형:

안식일을 가리키는 히브리어 '쇠바트'는 '일을 중지하다' '휴식하다'라는 뜻을 지닌다네. 태초에 하나님이 6일간 만물을 창조하신 후 제7일에 창조 사역을 마치고 쉬심으로 그날을 거룩히 구별하였다네. "일곱째 날은 네 하나님 여호와의 안식일인즉 너나 네 아들이나 네 딸이나 네 남종이나 네 여종이나 네 소나 네 나귀나 네 모든 가축이나 네 문 안에 유하는 객이라도 아무 일도 하지 못하게 하고 네 남종이나 네 여종에게 너 같이 안식하게 할지니라."(신 5:14)

나성도:

구약시대의 안식일 준수 방법은 어떠했나요?

테스형:

구약시대의 안식일을 지키는 일이 대단히 엄격하였는데. 다음과 같다네.

1. 엿새 동안은 힘써 일을 해야 한다.
2. 하나님의 창조와 구원을 기념하면서 하나님께 예배하며 그날을 즐거워해야 한다.
3. 모든 노동과 상행위 등을 중단하고 쉬어야 한다.
4. 육체 중심의 오락과 세상을 사랑하는 일을 일절 금지해야 한다.

나성도:

예수님께서 가르치신 안식일은 어떠했나요?

테스형:

예수님께서 가르치신 안식일을 구약시대와 많이 다르며. 내용은 다음과 같다네.

1. 안식일의 주인은 예수님이시다.
2. 안식일의 준수는 철저히 하나님 중심이어야 한다.
3. 사람이 안식일을 위해 존재하는 것이 아니라 안식일이 사람을 위해 존재하는 날이어야 한다.
4. 생명을 살리며 매인자를 구해 주는 날이어야 한다.

나성도:

하나님이 천지 창조를 마치시고 완성하셨기 때문에 안식하신 것인가요?

테스형:

창세기 2장 1절에는 천지와 만물이 다 이루었다고 하셨네. 이것은 사람이 만들어짐으로 하나님의 창조하신 목적이 다 이루어졌다는 뜻이지. 집을 짓고 마지막에 사람이 살 수 있도록 가구를 들여놓으면 완성되었다고 할 수 있으며. 그림을 그릴 때도 처음에 의도했던 대로 다 이루어지면 붓을 놓는다네. 빛으로 시작해서 사람에 이르는 창조 목적은 사람에게 있었던 것이지. 그래서 사람이 만들어지니까 다 이루어졌다고 말씀하셨다네. 모든 것이 있다고 하더라도 사람이 없으면 소용이 없고. 집도 있고 가구도 있고 모든 것이 있어도 사람이 없으면 아무 소용이 없다네. 천지와 만물이 다 이루니라! 사람이 완성되면 모든 것이 완성된 것이라네. 그래서 하나님께서는 일곱째 날에 안식하셨다네. 그 지으신 일을 다 하시므로 하나님이 안식하신 것이지. '안식하셨다'라는 말은 '경축했다'라는 뜻이라네. '안식일'은 '경축일'이라는 말과 같네.

나성도:

왜 하나님께서는 사람을 창조하셨을 때 비로소 안식하셨을까요?

테스형:

만물은 사람을 통해서 완성되고, 하나님은 사람을 통해서 자신을 표현하시고 자신의 통치를 이루시기 때문이라네. 그래서 하나님은 사람이 완성될 때 비로소 안식하셨지. '안식'을 단순히 '쉬다'라고 생각해서는 안 된다네. 편안히 쉬고 피곤을 푸는 정도로는 별 의미가 없다네. 그날은 지극히 즐거운 날이며, 행복하고 즐거우며 만족한 날이라네. 경축일인 것이지. 하나님의 형상이 어우러졌기 때문에 하나님께서 경축하신 것이라네. 하나님의 형상을 이루는 일은 하나님의 존재적인 소원이라네. 하나님은 존재 자체가 영이시니까 형상이 없으며, 형상이 없으면 마음은 있어도 몸이 없는 것과 같다네. 그렇기 때문에 사람이 만들어진 것보다 하나님에게 더 기쁜 일은 없다네. 그러므로 사람이 만들어진 것은 하나님의 승리이고 완성이지. 하나님이 사탄에 대해서 승리할 수 있는 유일한 길은 자신을 나타낼 수 있는 형상을 갖는 것이라네.

나성도:

하나님께서는 왜 안식하셨을까요? 왜 경축하셨나요?

테스형:

자기의 형상이 이루어져서 그 형상을 통해서 통치할 수 있게 되었기 때문이라네. 그래서 그날을 경축하셨고. 그날을 기뻐하시고 그날을 복 주셔서 경축하신 것이네. 하나님이 만족하시는 것이 곧 사람에게 복이라네. 복은 어디에 있을까 하며 찾지만, 하나님이 만족하시는 것이 사람에게 복이라네. 마음이 만족해야 손이 편하고. 마음이 만족하지 못하면 내 손이 괴롭다네. 마음이 안식하면 육신이 평안하지만, 마음이 안식하지 못하면 육신은 평안하지 못하지. '안식일을 지키라'라고 하신 것은 '내가 이렇게 만족한 것처럼 너희도 그날을 경축해서 만족하라'라는 것이라네. '내가 이렇게 행복하니까 너희도 이 행복에 참여하라. 이 행복에 들어오라'라는 뜻이라네. 출애굽기 31장 15절에 '엿새 동안은 일할 것이나 일곱째 날은 큰 안식일이니 여호와께 거룩한 것이라 안식일에 일하는 자는 누구든지 반드시 죽일지니라'라고 하셨네. 하나님이 만족하시는데 손이 만족하지 않았다면 사망이네. 내 마음은 만족한데 손이 만족하지 않는다면 그 손은 잘라야 하는 것이지. 마음이 쉴 때 손도 쉬고 마음이 일할 때는 손도 일해야 하지. 마음과 따로 놀면 손은 망하는 것이네. 그래서 안식일을 지키라고 하셨고 '범하는 자는 반드시 죽이라'라고 한 것이라네. 하나님께서 우리에게 안식일을 주신 것은 축복이네. 하나님은 당신 자신의 만족을 통해서 사람에게 만족을 주려고 하신 것이며. 하나님을 만족하게 하면 우리는 저절로 행복하게 된다네.

나성도:

"인자는 안식일에도 주인이니라"(막 2:28)라는 이 말씀의 뜻은 무엇인가요?

테스형:

하나님이 모든 것을 완전하게 만들어 놓으셨다네. 그런즉 사람은 그것을 보고 '정말 완전하구나'라고 하면서 안식을 한다. 하지만 '무엇인가 모자라는 것 같다. 좀 더 해야겠다'라고 하면 안식할 수 없고 그것은 하나님의 안식을 지키는 것이 아니라 파괴하는 것이라네. 하나님께서 '심히 좋다'라고 하셨는데 피조물이 '그렇지 않다'라고 하면 하나님은 안식하실 수가 없는 것 아닌가? 하나님을 만나면 인생의 존재 자체를 감사하게 된다네. 사람으로 태어난 것이 감사하게 되는 것이지. 다윗은 시편에서 "사람이 무엇이기에 주께서 그를 생각하시며 인자가 무엇이기에 주께서 그를 돌보시나이까"(시 8:4)라고 하셨다네. 사람이 이렇게 행복할 수가 있을까? 예수님께서는 "안식일은 사람을 위하여 있는 것이요 사람이 안식일을 위하여 있는 것이 아니니 이러므로 인자는 안식일에도 주인이니라."(막 2:27-28) 실제로 안식을 지키는 것은 하나님의 안식에 참여하고 하나님의 창조에 동참하는 것이 하나님의 일이고 안식을 지키는 것이라네. 하나님이 지으신 것을 보고 '참으로 완전하십니다. 정말로 온전 하십니다'라고 하는 것이 참 행복을 고백하는 것이라네.

나성도:

15. 사탄(마귀)

사탄은 어디에서 왔나요?

테스형:

하나님의 창조는 완전하다네. 미숙한 창조는 없다네. 다만 사탄이 있어 하나님을 방해하고 있는 것이라네. 그러면 사탄은 어디에서 왔는가? 천사 창조에 대하여는 성경에 직접적인 언급이 없기 때문에 창세기 1장 1절 이전의 일이라고 보여진다네. 그는 하늘과 땅이 지어지기 이전에 지어졌던 존재인 것을 알 수 있다네. 그 근거로는 에스겔서 28장에서 지극히 영화로운 자리에서 태어난 한 존재가 암시되었고 그가 그 영화로움으로 인하여 스스로 자고하여 하나님을 거역했다고 하였네. 그는 분명히 천사 중의 하나였다네. 천사가 아니고서는 그렇게 존귀하게 지어진 자가 없기 때문이지. 우리는 이런 사정을 보면서 하나님의 세계에서는 천사도 있고 거역한 천사인 사탄도 있다는 것을 알 수 있네. 그는 온 역사를 통해서 하나님의 일을 방해하였던 자이고 지금도 방해하고 있으며 장차 불꽃에 던져질 때까지 하나님의 일을 방해한다는 것을 알 수 있다네.

나성도:

그러면 사탄은 왜 이렇게 하는 것인가요?

테스형:

사탄은 원래 천사였네. 그는 하나님을 돕는 영이었지. 그런데 그는 하나님과 방불한 영이라는 것을 바탕으로 자고해서 자기가 하나님이 되려 한 것이라네. 만물을 자기 수중에 넣고 자기 마음대로 하며 자신의 영광을 나타내려 한 것이라네. 만물은 하나님의 영광을 위하여 지어졌기 때문에 사탄이 사용하면 사탄의 영광도 드러낼 수 있다네.

나성도:

땅은 하나님과 사탄의 전쟁터인가요?

테스형:

하나님은 땅을 창조하셨고 사탄은 땅을 유린했다네. 주 예수님은 교회를 세우셨고 사탄은 그 교회를 변질시켰네. 끝없는 전쟁 같지만 최종적인 승리는 주님께 있으며 사탄은 하나님의 왕국을 견고히 세우는 일에 그의 반격을 통하여 오히려 협력하게 될 것이네. 하나님은 그의 반격을 이용하여 하나님 아들의 나라를 아름답고 견고하게 세우고 계신다네. 사탄은 천사중 하나이며. 그는 영물이네. 사람보다 먼저 지어진 자로서 하나님이 부리는 종이라네. 그는 육체가 없기 때문에 자유로워 보이고 선악을 알기 때문에 지혜로워 보이며 모든 것을 통달한 것처럼 보인다네. 천사는 잠깐 사람보다 나은 자였다네(히 2:7). 사람은 하나님 생명을 먹고 자라서 하나님의 후사가 될 자였으며 천사는 이미 일할 수 있도록 창조된 것이라네. 천사는 자라남이 없다네. 이미 지어진 것이지. 그리고 사람은 자라나야 한다네. 그때까지는 천사보다 못한 존재라네. 사탄은 처음부터 자기 위치를 거절하고 크고 높아지려는 천사였다네. 그는 자기의 소원을 사람을 통하여 실현한 것이라네. 그러므로 크고 높아지려는 소원은 탐심이며 이 탐심은 거대한 우상인 거대한 종교 거대한 세상을 만드는 것이라네.

나성도:

우리도 사탄의 정체를 분명히 알아야 한다고 생각이 드는데요?

테스형:

하나님은 창조하시고 구원하시고 축복하였으나 사탄은 뒤를 따라다니면서 방해를 하였다네. 예수님은 같은 비유로 말씀하셨지. 밀을 뿌린 밭에 누가 가라지를 뿌렸다네. 그가 누구냐고 제자들이 물었을 때 그는 '원수가 그렇게 하였구나'라고 하셨다네. 원수는 창세기 1장에서 땅을 유린했던 바로 그 사탄이지. 그러므로 우리는 사탄의 정체를 알아야 하네. 하나님과 사람만 있다면 문제는 아무것도 없겠으나. 그러나 그 사이에 사탄이 있다네.

16. 나를 따라오려거든

나성도:

예수님께서 "무리에게 이르시되 아무든지 나를 따라오려거든 자기를 부인하고 날마다 제 십자가를 지고 나를 따를 것이니라(눅 9:23)"라고 하셨는데, 십자가를 진다는 이 말의 참뜻은 무엇인가요?

테스형:

"자기 십자가를 지고 나를 따르지 않는 자도 내게 합당치 아니하니라."(마 10:38) 이 말은 자기 십자가를 지지 않으면 부활의 경험에 이를 수가 없다는 뜻이지. 이 경험된 것이 부활이라네. 왜 이 부활이 필요한가? 우리는 아담이었기 때문이네. 옛사람이 끝나야 하고. 그래야 새사람이 된다네. 거듭나려면 옛사람 아담이 죽어야 하지. '나를 부인하고'라는 말은 '나를 끝내고'라는 말이라네. '자기 십자가를 지고 나를 따르라'라는 말은 지금까지의 나를 부인하고 나의 모든 가능성을 다 부인하고 나서야 주님을 따를 수 있다는 뜻이네. 십자가를 진다는 것은 곧 죽는다는 것을 의미하지. 아브라함도 이삭도 야곱도 모세도 다 그랬다네. 모든 것이 끝나고 난 다음에 새로운 세계가 시작되었지. 그냥 그대로 연속된 것이 아니네. 아브라함도 자기가 끝난 다음에 이삭을 낳게 되었지. 이것이 부활의 원칙이라네. 부활은 반드시 이런 원칙을 통해서 새로운 세계로 우리를 이끌어 간다네.

나성도:

부활을 경험하려면 어떻게 해야 하는지요?

테스형:

예수님 시대에 베드로가 '주는 그리스도시요'(마 16:16) 하고 발견한 것은 눈으로 봤다는 것을 말하네. 그렇지만 그가 경험되려면 무엇이 필요한가? "누구든지 나를 따라오려거든 자기를 부인하고 자기 십자가를 지고 나를 따를 것이니라"(마 16:24)라고 하신 것이 꼭 필요하네. 우리의 옛것이 끝나야 새것이 경험되기 때문이지. 많은 사람이 그리스도를 봤어도 자기 안에서 경험하지 못하는 것은 옛것이 끝나지 않아서라네. 주님은 우리를 새로운 곳으로 인도하고 있고 세상과 먼 곳으로 인도하여 우리에게 십자가 안에서 자기 자신을 다시 보여 주기를 원하고 있다네. 십자가 안에서 우리에게 새롭게 보여진 사람이 있는데 그가 바로 우리 안에 경험된 그리스도이시라네. 내 안에서 경험된 그리스도 말일세. 우리는 먼저 눈을 뜨고 그다음에 십자가를 진다네. 그러면 그리스도를 발견할 뿐만 아니라 우리 안에서 그리스도를 누리게 되고 그리스도를 경험하게 된다네.

나성도:

그리스도를 만날 때 내가 죽은 자임을 발견하게 되는 것인가요?

테스형:

우리 자신을 그리스도 앞에 내놓을 때 우리는 죽은 자라는 것이 발견된다네. 전에는 우리가 다 산자로 생각했고 우리 안에 무한한 가능성이 있고 무엇인가 다 잘되어 가는 것으로 생각했다네. 그런데 우리가 그리스도를 만나자 자신은 죽은 자라는 것이 발견되었다네. 무용지물이지. 하나님의 목적에 대해서는 아무 상관도 없는 자이라네. 내가 위대하다고 생각했던 것이나 내가 능력이 있다고 생각했던 것이나, 내가 잘났다고 생각했던 이 모든 것들이 전부 다 하나님과 관계가 없고 하나님의 목적과 아무 상관이 없는 일이었다네. 우리가 그리스도를 만나기 전에는 우리 자신들이 다 쓸모 있는 사람으로 생각했고 위대한 사람으로 생각했고 잘난 사람으로 생각했었지. 그런데 진짜로 하나님께 쓰임이 된 사람을 보고 난 후에 우리는 '나는 아무것도 아니구나. 아무것도 소용이 없구나' 하는 것을 깨닫게 되었다네. 우리가 그리스도를 보고 난 후에 비로소 나는 죽었구나 하는 것을 발견하는 것이라네. 성경에는 분명히 말하기를 '네가 이것을 먹으면 정녕 죽으리라'(창 2:17)라고 하였네. 그렇지만 당장 죽는 것도 아니고 팔백 년 이상을 살고 구백 년을 살았으니 이것이 무슨 뜻인지 도무지 모른다네. '네가 정녕 죽으리라' 했지만 그 말을 모른다네. 하나님께 대해서 죽었다는 말을 모른다네. 우리는 하나님께 대해서 죽었던 사람들이네. '네가 이것을 먹으면 반드시 죽으리라'라고 말씀하신 것은 하나님께 쓸모가 없어진 것. 즉 죽은 자가 되고 말았다는 뜻이지. 이 말은 우리가 그리스도를 만나기 전까지는 깨달을 수가 없다네. 왜 쓸모가 없는지 깨달을 수가 없고. 우리가 그리스도를 만날 때 비로소 우리가 죽었다는 것을 알게 된다네. 하나님의 위임을 받은 사람을 만날 때 우리가 죽었다는 것을 발견하게 된다네. 우리의 눈이 열려서 그리스도를 보게 된다면 우리가 죽은 자라는 것을 발견하게 될 것이네. 우리가 죽은 자라는 것이 발견되게 된다면 우리는 변화하신 주님을 만나게 될 것이네. 이것은 바로 우리 안에서 그리스도를 경험하는 일이네. 하나님은 우리를 이 과정 안으로 이끌기를 원하신다네. 당신의 말씀을 주어서 우리의 눈을 뜨게 하시고 그리스도를 보게 하고, 그럼으로써 그 안에서 우리가 죽은 자로 발견되고, 그 안에서 우리가 새 삶을 살도록 한다네.

17. 죽은 자 가운데서 살아나는 것

나성도:

예수님은 "인자가 죽은 자 가운데서 살아날 때까지는 본 것을 아무에게도 이르지 말라"(막 9:9)라고 경계를 하셨습니다. 제자들이 이 말씀을 마음에 두며 서로 문의하기를 '죽은 자 가운데서 살아나는 것이 무엇일까' 하고 모두 의문이 생겼을 것 같습니다. 주님께서는 왜 인자가 죽는 자 가운데서 살아날 때까지는 본 것을 아무에게도 이르지 말라고 말씀하셨을까요?

테스형:

예를 들어 "예수께서 베드로와 야고보와 요한을 데리시고 따로 높은 산에 올라가셨더니 그들 앞에서 변형되사 그 옷이 광채가 나며 세상에서 빨래하는 자가 그렇게 희게 할 수 없을 만큼 희어졌더라"(막 9:2-3)라고 하는 이야기를 세상에 퍼뜨리면 우리 생각에는 굉장히 좋은 일이 생길 것 같은데. 그런데 예수님께서는 인자가 죽은 자 가운데서 살아나기까지는 본 것을 아무에게도 이르지 말라고 경계하셨다네. 왜 이렇게 경계하셨는가? 비록 산에 가서 이러한 광경을 직접 봤다고 하더라도 만일 이것이 우리 안에 나타나지 않으면 다른 사람들에게 미친 말이 되기 때문이라네. 그래서 죽은 자 가운데서 살아난 후에, 내 안에서 주님이 살아나셨을 때 이것을 말씀하라고 하신 것이라네. 제자들은 그때 죽은 자 가운데서 살아나는 것이 무엇인지를 몰랐다네. 그래서 예수님께 "어찌하여 서기관들이 엘리야가 먼저 와야 하리라 하나이까"(막 9:11)하고 물었지. 엘리야가 먼저 와야 한다는 말은 구약에 예언된 말이네. "보라 여호와의 크고 두려운 날이 이르기 전에 내가 선지자 엘리야를 너희에게 보내리니 그가 아버지의 마음을 자녀에게로 돌이키게 하고 자녀들의 마음을 그들의 아버지에게로 돌이키게 하리라"라는 말이 말라기 4장 5절과 6절에 기록되어 있다네. 엘리야는 그들에게 굉장히 위대한 선지자라네. 불수레를 타고 하늘로 올라간 선지자이니까 구약의 모든 선지자를 대표하는 사람이라네. 이처럼 자기들이 알 수 있는 만큼 큰 선지자가 먼저 와야 할 것이 아닌가? 그리스도가 오시는 일이 그렇게 시시한 일인가? 그 말은 '당신 같은 분이 마지막 날에 오는 그분이라 할 수 있겠습니까'라는 뜻이라네. 차마 그 말을 못하고 "어찌하여 서기관들이 엘리야가 먼저 와야 하리라 하나이까"(막 9:11) 하고 물은 것이네. 예수님이 하시는 말씀이 "엘리야가 과연 먼저 와서 모든 것을 회복하거니와 어찌 인자에 대하여 기록하기를 많은 고난을 받고 멸시를 당하리라 하였느냐"(막 9:12)라고 물으셨다네. 그리고 "내가 너희에게 이르노니 엘리야가 왔으되 기록된 바와 같이 사람들이 함부로 대우하였느니라"(막 9:13)라고 하셨네. 이것은 세례 요한을 가리켜 말하는 것이네. 세례 요한이 먼저 와서 주의 길을 평탄케 하였다네. 그러나 사람들의 눈으로 볼 때 세례 요한 같은 사람이 온 것을 엘리야가 왔다고 믿을 사람은 아무도 없었네. 엘리야는 적어도 불수레를 타고 하늘로 올라간 사람이지 않나. 그 사람이 온다는 것은 적어도 하늘에서부터 오는 확실한 표적을 가지고 나타나리라는 것이네. 오늘날도 서기관들이 그렇게 말하고 있다네.

나성도:

"누구든지 나를 믿는 이 작은 자들 중 하나라도 실족하게 하면 차라리 연자맷돌이 그 목에 매여 바다에 던져지는 것이 나으니라"(막 9:42) 하신 말씀이 있습니다. 그런데 세상 사람들이 모두 예수님께 실족하는 이유가 무엇인가요?

테스형:

세상 사람들은 모두 예수님께 실족한다네. 고향에 돌아왔더니 친척들이 실족하고 예수님을 아는 모든 사람이 실족해 버렸다네. '너는 목수의 아들 아니냐?' '너는 마리아의 아들 아니냐?' 이렇게 실족했네. 예루살렘에 올라가니 서기관들과 바리새인들이 '네가 무슨 하나님의 아들이냐?' 하고 멸시하였고. 예루살렘에 가도 환영을 받지 못하고, 자기 고향에 내려가도 환영을 받지 못하고, 예수님은 지금 모든 사람을 실족하게 하는 사람이 되고 말았다네. 이런 사람들 가운데 어떤 사람이 자기로 인해서 실족하지 아니하고 병자를 고치고 귀신을 내쫓았다고 하니까 주님께서는 그것이 얼마나 반가운 일이겠나! 배고플 때는 보리떡도 너무 너무 맛있다네. 배부르면 맛이 없지. 예수님은 너무 작은 분이고 가난한 분이어서 지극히 배고픈 사람에게만 유용한 양식이라네. 만일 내가 부유하기 때문에 그리스도를 못 먹게 된다면 차라리 가난해져서 그리스도를 먹는 것이 낫네. 왜 이 말씀을 하시는가? 제자들이 너무 부유하다는 것이라네. 그래서 '누가 크냐' 하는 논쟁을 하고 있는 것이네. 예수께서는 참으로 가난한 사람인데 자기들은 가난한 사람인 줄 모르고 지금 여유 있는 논쟁을 하고 있는 것이라네. 그리스도를 나타내는 일은 굉장한 일을 하는 것이 아니네. 사실 알고 보면 보리떡을 증거하는 것이네. 우리가 소자 된 것을 증거하는 것이라네. 보리떡을 먹는 자리에서 우리의 인생이 변형된다네. 그 자리에서 '누가 크냐' 할 사람이 아무도 없다네. 이것이 가장 아름다운 사람의 미덕이 아닌가! 가장 위대하고 가장 아름다운 자리가 어디인가! 바로 죽는 자리라네. 그 자리가 바로 연합하는 자리이지. 이상한 일이네. 사람들은 자기가 많이 꾸미면 아름다워질 것으로 생각한다네. 지위로 화장하려 하고 명예로 화장하려 하고 돈으로 화장을 해서 자기 자신을 아름답게 보이려고 노력한다네. 그러나 이것이 아름다운 것이 아니고 죽음 앞에선 사람이 가장 아름답다네. 그런 사람이 아주 진실하다네. 이 사람이 '옷이 변형되어서' "그 옷이 광채가 나며 세상에서 빨래하는 자가 그렇게 희게 할 수 없을 만큼 매우 희어졌더라"(막 9:3) 하는 사람이라네. 제사상은 하나님 앞에 자기 자신을 죽음으로 받쳐 놓은 사람이지. 그러므로 이 사람의 옷은 희고 깨끗한 세마포 옷이라네.

나성도:

한 사람으로서는 죽고 한 사람으로서 다시 사는 것이 부활인가요?

테스형:

죽은 자 가운데서 살아나는 것이 무엇일까? 이것은 한 사람으로서는 죽고 한 사람으로서 다시 사는 것을 말한다네. "내가 그리스도와 함께 십자가에 못 박혔나니 그런즉 이제는 내가 사는 것이 아니요 오직 내 안에 그리스도께서 사시는 것이라."(갈 2:20) 그때 우리는 변형된 사람을 발견하게 된다네. 이것은 눈으로 본다는 말이 아니고 깨달음의 문제라네. 이스라엘 백성에게 부활 사상이 없는 것이 아니네. 죽은 후에 하나님께서 우리를 다시 살리신다는 것을 못 믿는 사람들이 아니라네. 예수님은 죽고 부활하실 것을 여러 번 말씀하고 계셨는데. 제자들은 이 말씀을 깨닫지 못하고 있다네. 죽은 자 가운데서 살아난다는 것이 무엇일까? 예수님께서 이천 년 전에 죽어서 다시 사셨다는 사건을 모르는 것일까? 그렇지 않다네. 이것을 못 알아들은 것이 아니라네. 그러면 죽은 자 가운데서 살아나는 것이 무엇일까? 가난한데도 부유한 것이 무엇일까? 어린아이인데도 어른인 것이 무엇일까? 이것을 모르는 것이라네. 한 아기를 주었는데 그 아이가 어떻게 전능하신 하나님이고 영존하시는 아버지가 되는지 그것을 깨닫지 못한 것이라네. 육신이 죽었다가 다음에 부활한다는 것을 종교적으로 믿으면 안 된다네. 그렇지만 지금 살아서 부활을 경험한다는 것을 깨닫지 못하고 있다네. 지금 어린아이인데도 어른이라는 것, 지금 가난한데도 불구하고 부유하다는 것, 지금 죽음 같은데도 불구하고 산자라는 것, 이것을 깨달아야 죽은 자 가운데서 산다는 것이 무엇인지 알 수가 있다네.

나성도:

변화산에서 부활의 실제를 보여 주신 것인가요?

테스형:

변화산에서 변형되신 예수님의 모습을 보면서 우리는 그분의 실제가 어떤 분인가를 알 수 있다네. 왜 예수님은 그렇게 아름다운가? 왜 예수님은 변형될 수 있는가? 왜 그의 옷은 희고 깨끗한 세마포 옷인가?

옷은 그 사람의 신분과 미덕을 표현한다네. 그의 옷이 희어졌다는 것도 그의 미덕을 말한다네. 종이면서 왕인 그 미덕이 드러났다네. 지극히 작으면서도 큰 미덕이 드러났다네. 이것이 희고 깨끗한 세마포 옷이라네. 죽은 자 가운데서 살아나는 것이 무엇일까? '엘리야가 먼저 와야 하리라' 하는 관념이 없어져야 한다네. 주님의 부활을 아무리 눈으로 본다고 하더라도 그의 변형을 우리가 경험하지 못한다면 우리는 그분의 실제를 알 수가 없다네. 주님은 부활을 우리에게 보여 주시기 전에 변형되신 자기를 보여 주셨다네. 다시 말하면 흰옷 입으신 분을 먼저 보여 주셨다네. 이것을 보여 주지 않으면 부활할 때 어떤 몸으로 부활할 것인지를 모른다네. 죽었다가 산다고 하더라도 또 아담으로 산다면 마찬가지 아닌가. 돼지가 죽어서 다시 돼지가 된다면 부활 하나 마나 마찬가지라네. 부활의 실체가 변형된 예수님이라네. 부활한다는 것은 어떻게 부활할 것인가? 무엇으로 부활할 것인가? 우리는 희어지는 사람으로 변형될 것이네. 사람이 다른 사람이 되는 것을 말한다네. 다른 사람이 안 되고 도로 그 사람이 되어 버리면 부활하나 마나 마찬가지네. 우리는 옷이 희어지게 되는 사람으로 변화할 것이네. 변형되신 그리스도를 먼저 보여주신 것도 너희가 장차 어떻게 변형될 것이라고 하는 것을 보여 주신 것이라네. 우리가 어떻게 부활할 것인가? 그것은 주 예수님께서 보여 주신 것 같이 그렇게 변형되어서 부활할 것이라는 말이네. 부활의 내용과 부활의 실상은 어떤 것인가? 그것은 우리의 옷이 빨래를 한 것처럼 희어질 것을 말하네. 우리는 우리 자신을 죽은 자로 알아야 마땅하고 우리가 가난한 자로 알아야 마땅하다네. 주님께서 우리를 부활의 생명으로 이끌기 위해서 당신의 죽음을 친히 보이셨다네. 주님께서 죽은 후 다시 살아난 사실을 보고 나서 우리가 비로소 부활에 참여할 수 있는 사람이 되었다는 것을 알 수 있다네.

18. 하나님 나라가 이런 자의 것이니라

나성도:

하나님 나라를 방해하는 것이 무엇인가요?

테스형:

사람들이 예수님께서 만져 주심을 바라고 어린아이들을 데리고 오자 제자들이 꾸짖었다네. 예수님께서 그것을 보시고 "어린아이들이 내게 오는 것을 용납하고 금하지 말라 하나님 나라가 이런 자의 것이니라"(막 10:14)라고 하셨네. 예수님께서는 여러 번 어린아이를 들어서 말씀하신 적이 있네. 서로 높아지려는 경우에 어린아이를 들어 말씀하셨고, 제자들이 '누가 크냐'하고 논쟁할 때 어린아이를 들어 말씀하셨네. 하나님 나라를 누리는 데 방해되는 여러 가지 문제가 있다네. 분명히 예수 그리스도를 천하에서 가장 귀한 분으로 영접하고 그를 통해서 살기를 원해도 우리가 타고난 인성이 여러 가지로 방해한다네. 하나님 나라에 들어간다는 말은 하나님 나라를 누린다는 것이네. 내가 그것을 소유하고 산다는 말인데 그것을 방해하는 것이 무엇인가? 어린아이 같지 않은 것이 하나님 나라를 방해한다네.

나성도:

하나님 나라는 어떤 사람이 소유할 수 있나요?

테스형:

어떤 사람이 그 속에 살 수 있는가? 어린아이 같은 사람이 살 수 있다네. 어린아이 같지 않으면 하나님 나라에서 살 수 없다는 말이지. 고기는 물속에서 살고 새들은 공중에서 산다네. 하나님께서 새들을 공중에서 살도록 해서 사는 것이 아니고 물고기들에게 물에서 살라고 해서 사는 것이 아니다네. 그런 생명이기 때문에 거기서 사는 것이라네. 하나님 나라는 어린아이만이 누릴 수 있는 나라라네. 어린아이가 아니면 못 사는 나라 그것이 바로 하나님 나라이네. 하나님 나라는 둘이 갈라진 관념을 가지고는 못 산다네. 너는 너고 나는 나라는 개념을 가지고는 누리지 못하고. 네가 없으면 내가 없고 내가 없으면 네가 없다는 개념에서만 하나님 나라를 누릴 수 있다네. 어린아이들은 항상 생생하고 항상 철없고 항상 부드럽고 항상 진취적이네. 그러나 어떤 교리가 생겨서 고정되면 쇠퇴해 간다네. 교리 이전에 하나님과 사람의 관계는 어린아이처럼 태어나는 것이네. 그것이 교리화가 되면 굳어져 버린다네. 굳어진 것 속에는 하나님 나라가 나타나지 못하고 하나님 나라를 누릴 수가 없다네. 그래서 "어린아이들이 내게 오는 것을 용납하고 금하지 말라 하나님의 나라가 이런 자의 것이니라"(막 10:14) 하고 말씀하셨다네. 생명은 항상 똑같지 않고 늘 새롭게 다른 것이 나온다네. 어린아이들이 하는 일을 보면 늘 새로운 일을 한다네. 어제 하던 일은 하지 않고 오늘 또 새로운 일을 하고, 오늘 하던 일을 하지 않고 내일 또 새로운 일을 한다네. 생명은 날마다 새로워지고 있다네. 오늘 가지가 새롭게 살아난다네. 열매는 어디에서 열리는가? 새로운 가지에서 열리게 된다네. 하나님의 나라는 이렇게 날마다 새로워지는 가운데 누릴 수 있네. 어른이 되어 무엇인가 고정되어 버리면 누리지 못한다네. '아! 이것이구나' 하는 날 하나님의 나라는 없어지고 만다네. 그래서 결코 교리적으로 정리될 수 있는 나라도 아니고 신학적으로 만들어 낼 수 있는 나라도 아니고 어떤 제도를 통해서 이루어질 수 있는 나라도 아니네. 구약성경에서 하나님은 이스라엘 백성이 광야에 나왔을 때 만나와 메추라기를 주었다네. 그때 그들은 이것을 자기 집에 재어 놓고 며칠이고 먹기를 원했다네. 그런데 아침에 가 보니까 벌레가 생겼다네. 그들은 할 수 없이 매일의 양식을 구하지 않으면 안 된다네. 왜 그런가? 생명은 굳어져 버리면 안 된다네. 하나님은 이스라엘 백성을 매일 매일 새로운 길로 인도하시고 영원한 생명 안으로 이끌고 있다네. 장막을 치고 토담집을 짓지 말라는 것은 내일 또 어디로 옮길지 모르기 때문이다네. 그래서 장막을 치고 살았다네. 영원히 나그네로 살게 하신 이유는 무엇인가? 하나님 자신이 영원히 새로운 분이기 때문이네.

나성도:

하나님은 광야에서는 만나를 주었지만, 지금은 무엇을 우리에게 양식으로 주시나요?

테스형:

"내 살은 참된 양식이요 내 피는 참된 음료로다."(요 6:55) 예수 그리스도는 참된 양식이라네. 그러나 그들은 만나 메추라기 때문에 참된 양식을 받아들이지 못했다네. 이스라엘의 여정을 생각해 본다면 날마다 옛것을 버리고 새것을 찾아가는 노정이었다네. 날마다 새로운 길은 바로 어린아이와 같다네. 어제 일을 생각하고서는 절대로 하나님의 나라를 누리지 못한다네. 하나님은 영원히 살아 계신 분이고, 우리는 형상을 가지고 있으므로 영원히 형상이 없으신 하나님을 따라가야 한다네. 그분은 고정되어 있지 않고 영이시기 때문에 항상 무한하다네. 그분은 무한히 변화하고 있다네. 우리도 늘 변화하지 않으면 안 된다네. 옛날 것을 가지고는 절대로 하나님의 나라를 누릴 수 없네. 하나님 나라는 영원히 현재적이기 때문에 오늘밖에 없다네. 아이들의 성질은 바로 오늘밖에 없다는 것이네. 언제나 새롭게 태어나시는 주님에게 우리가 변화하지 않으면 안 된다네. 우리 자신은 영원히 어린아이처럼 변화해야 할 존재이고 자라나야 하는 존재이라네. 하나님이 오늘 어떻게 나타나실지 모르기 때문에 우리는 나타나시는 하나님에 대하여 합당한 형상이 되어야 한다네.

나성도:

영이요 생명이신 하나님 나라는 어떤 나라인가요?

테스형:

하나님 나라를 누리는 것은 첫째로 분열을 극복해야 하는데 그리스도를 봐야 분열이 극복된다네. 내가 '분열을 안 해야지' 한다고 해서 되는 것이 아니네. 분열되지 않은 영원한 실재가 있는데 그것이 바로 그리스도라네. 우리는 날마다 새롭게 하시는 이를 따라가지 않으면 안 된다네. 다른 사람이 이렇게 하니 나도 그런 방식으로 하면 될 거라고 하면 안 된다네. "내 살은 참된 양식이요 내 피는 참된 음료로다"(요 6:55)라는 말에 '살과 피를 우리가 어떻게 먹겠는가'라고 하면 안 된다네. 여기서 '영이요 생명'을 취하지 못하는 사람은 양식을 취하지 못한다네. 영이요 생명이신 주님은 이 세계가 바로 어린아이의 세계와 같다고 하셨네. 여기는 항상 새롭고 항상 새로운 세계가 열려 있다네. 오늘 형상을 만들어 놓았다고 해도 내일 가면 쓸모가 없다네. 내일 만들어 놓았다고 해도 모레 가면 또 쓸모가 없어진다네. 그러므로 우리는 그 형상을 도저히 만들 수가 없네. 우리 자신이 그때그때 그의 형상이 되어야 한다네. 사람 자신만이 영원히 변화하는 하나님의 형상이 될 수 있다네. 하나님은 어린아이와 같이 영원히 그 욕구가 분출하는 분이기 때문에 어떤 것을 만들어 놓아도 안 된다네. 어떤 형상을 만들어 놓을 수가 없다네. 그런데 참으로 사람이 특이한 것은 사람만은 십자가로 말미암아 부서지게 되면 영원히 변화하시는 하나님의 형상이 될 수 있다네. 언제든지 하나님이 새롭게 나타나시면 그렇게 변화할 수 있는 것이 사람이라네.

나성도:

영이요 생명을 어떻게 취할 수 있을까요?

테스형:

예수님께서 "내 살은 참된 양식이요 내 피는 참된 음료로다"(요 6:55) 하니 '어떻게 자기 살을 나눠 주겠는가'라고 하였다네. 그래서 "내가 너희에게 이른 말은 영이요 생명이라"(63절)라고 하셨다네. 이것은 너희가 내 영을 취해야 한다는 뜻이네. '내 피'라고 말할 때 거기서 너희가 내 생명을 취해야 한다는 뜻이네. 몸만 생각해서는 안 된다네. 우리는 하나님의 말씀을 알아듣기 위해서 영이요 생명을 취하지 않으면 안 된다네. 표면적인 것만 알아들어서는 안 되고 그 안에 있는 것을 깨달아야 한다네.

나성도:

십자가로 옛것을 끝내야 날마다 새로워질 수 있는 것인가요?

테스형:

하나님 나라는 어린아이와 같은 사람의 것이네. 이것은 영이요 생명인 나라네. 우리는 우리의 껍데기를 없애기 위해서 십자가를 받아들이지 않으면 안 된다네. 우리가 십자가에서 죽지 않으면 항상 껍데기가 남아 있어 형식적인 사람이 되고 만다네. 그래서 우리 겉 사람이 없어지지 않으면 안 되고 우리 겉 사람이 죽지 않으면 안 된다네. 하나님 나라에 들어가려면 왜 십자가를 져야 하는가? 십자가는 우리의 모든 낡은 것을 끝내 버리는 것이라네. 옛사람(아담의 사람)을 끝내는 것이고. 이 옛사람을 끝내 버려야 우리는 날마다 새로운 어린아이로 하나님을 맞이할 수가 있다네. 영원한 죄인도 없고 영원한 의인도 없다네. 오늘 의인이라 할지라도 내일 죄인이 될 수 있고, 오늘 죄 안이라 할지라도 내일 의인이 될 수 있다네. 형상은 변하는 것이고 늘 변화하고 있다네. 사람은 무한히 하나님의 이끌림을 받아서 변화해야 할 존재라네. 그런데 아담은 선악과로 형상이 고정되고 말았네. 우리가 십자가를 져야 하는 이유는 바로 이 형상을 깨뜨리기 위해서라네. 우리의 고집이 왜 생기는가? 겉 사람 때문에 생긴다네. 우리의 모든 형식이 왜 생기는가? 겉 사람 때문에 생긴다네. 이것은 전부 겉 사람의 특성이라네. 무엇인가 잡으면 놓지 않으려고 한다네. 잡은 것을 놓지 않으려고 하면 하나님을 잡을 수가 없다네. 하나님도 마찬가지라네. 하나님을 잡으면 그 자리에서 끝나고 만다네. 내 것이라고 하면 끝나고 만다네. 참 이상하지. 하나님을 내 것이라고 가지고 나면 그때 벌써 없어지고 만다네. 우리는 영원히 그와 함께 변하지 않으면 안 된다네. 십자가는 우리의 옛사람의 낡은 것을 모두 끝내는 것이라네. 다 끝내고 날마다 새로운 그것이 십자가라네. 우리는 날마다 질 십자가가 또 있네. 날마다 우리 껍데기를 벗어 버리고 새로워져야 하고 또 새로워져야 한다네. 주님이 그런 분이기 때문에 우리가 그럴 수밖에 없다네. 우리는 어떤 것도 옛것을 보수할 수가 없고 날마다 새것을 바라보지 않으면 안 된다네. 옛것인 우리는 죽은 것이라네. 그러나 옛것을 통해서 '영이요 생명'을 취한다면 살 수 있네. 성경은 지나간 이야기지만. 여기서 '영이요 생명'을 취한다면 현재적인 것이라네. 성경 자체는 시간과 공간의 제한이 있지만 '영이요 생명'은 시간과 공간의 제한이 없다네. 사람들은 어떤 유명한 사람이 하나 만들어 놓으면 그것이 영원한 법인 줄 잘못 생각하고 있다네. 절대로 영원한 법이라는 것은 없네. '영이요 생명'만 있을 뿐이네. "내가 너희에게 이른 말은 영이요 생명이다"(요 6:63)라는 것이네. 하나님의 나라는 이런 자의 것이라네. 이런 사람만 하나님의 나라를 누릴 수 있다네.

19. 둘이 아니요. 한 몸이니

나성도:

"창조 때부터 사람을 남자와 여자로 지으셨으니 이러므로 사람이 그 부모를 떠나서 그 둘이 한 몸이 될지니라 이러한즉 이제 둘이 아니요 한 몸이니."(막 10:6-8) 이 말씀을 예수님께서 하신 뜻은 무엇인가요?

테스형:

우리는 선악과를 먹고 나온 세계 안에서 각자 독립적인 생각을 가지고 있다네. 내가 옳으면 된다는 생각을 가지고 있고 내가 똑똑하면 된다는 생각을 가지고 있다네. 이것은 생각의 세계라네. 생각은 독립적이지. 생각 속에서는 사람은 혼자라네. 사람은 왜 고독한가? 생각 안에서 혼자이고 독립적인 존재이기 때문에 고독한 것이네. 하나님께서 사람을 지으실 때 남자와 여자로 지었다네. 이 말은 남자라는 사람과 여자라는 사람을 지었다는 말이 아니고 사람 안에 남자와 여자가 있다는 말이네. 남자와 여자를 합해야 사람이 된다네. 전기는 원래 하나뿐이지. 그것을 음전기와 양전기로 분류하고 있다네. 이 개념 안에서 남자와 여자가 둘이 아니고 하나라는 것을 알 수 있다네. 아버지와 아들 사이는 어떤 사이인가? 생명의 관계이고 낳는 관계이네. 영원히 낳는 관계이지. 그런데 부부는 어떤 관계인가? 그것은 완성하는 관계이네. 완성은 어디에서 되는가? 그것은 남자와 여자 안에서 완성된다네. 아버지에게서 내가 태어났을지라도 내가 또 아들을 낳으려면 여자가 있어야 한다네. 그렇지 않으면 아들을 낳을 수 없다네. 이 세상 어떤 것도 혼자 스스로 존재하지 않는다네. 나는 지금 혼자지만 어머니 아버지가 나로 표현되어 있다네. 나는 나 혼자가 아니고 내 안에는 이미 둘이 합해서 하나가 되어 있다네. 하나님이 하나로 짝지어 주셨지. 자물쇠를 만드는 사람이 자물쇠만 만들지 않고 열쇠와 자물쇠를 짝지어 만든다네. 자물쇠만 만들어 놓으면 아무리 좋은 자물쇠라 하더라도 소용이 없지. 만들 때 이미 짝지어 만든다네. 둘이 합해서 한 몸을 이루는 것, 이것이 바로 완전한 인격이라네.

나성도:

흙과 씨의 관계도 둘이 하나가 되어야 완전하게 되는 것은 같은 원리이겠네요?

테스형:

우리는 단독으로 있을 때 잘난 것도 아니고 못난 것도 아니네. 흙이라는 것은 스스로 있을 땐 아무것도 아니네. 잘난 것도 아니고 못난 것도 아니지. 흙은 자기 스스로 자랑할 수 없고 씨를 통해서만 자기를 자랑할 수 있다네. 다른 사람이 나를 알아주어야 자랑이 되는 것이지 다른 사람이 나를 알아주지 않는데 어떻게 자랑스럽겠는가? 우리는 결코 분리되어서 존재할 수 없다네. 음전기만 있어도 완전하지 않고 양전기만 있어도 완전하지 않다네. 너만 있어도 완전하지 않고 나만 있어도 완전하지 않다네. 스스로 완전해지는 것은 이 세상에 존재하지 않는다네. 만일 이 세상에서 완전해지려면 반드시 둘이 합해야 완전해질 수 있다네.

나성도:

하나님 나라는 어떤 사람들이 누릴 수 있는 세계인가요?

테스형:

하나님 나라를 내가 누리려면 누릴 수 있는 어떤 자격이 있어야 한다네. 그 자격이 곧 완전이라네. 이 완전은 어떤 완전인가? 세상 사람들이 말하는 완전이 아니라 둘이 함께 살 수 있는 완전을 말한다네. 그래야만 그것을 누릴 수 있다네. 하나님 나라는 어떤 것인가? 그것은 사람의 나라네. 남과 같이 살 수 있는 사람이어야 그것을 누릴 수 있네. 남과 못 사는 사람은 천국을 누릴 수가 없다네. 하나님 나라를 상속을 받으려면 그것은 나 혼자 받는 물건이 아니라네. 어떤 관계 안에 하나님 나라가 있기 때문에 그 관계가 없으면 하나님 나라가 될 수 없다네. 너와 나라는 관계 안에 하나님 나라가 있네. "여기 있다 저기 있다고도 못하리니 하나님의 나라는 너희 안에 있느니라."(눅 17:21) 자기 혼자 사는 사람은 누릴 수가 없다네. 그 세계의 성질 자체가 혼자 사는 세계가 아니고 더불어 사는 세계이기 때문에 더불어 살 수 있는 사람만이 그 세계를 누릴 수 있다네.

나성도:

하나님은 왜 사람을 창조하셨나요?

테스형:

하나님도 사람이 없으면 안 되게 되어 있고, 사람도 하나님이 없으면 안 되도록 창조해 놓았다네. 하나님이 만일 스스로 존재할 수 있는 분이라면 사람을 왜 창조해 놓았겠는가? 자기 스스로 존재할 수 없는 분이기 때문에 사람을 창조했다네. "사람이 혼자 사는 것이 좋지 아니하니"(창 2:18) 하는 말을 보면 하나님이 혼자 있는 것이 좋지 않다는 것을 표현하고 있다네. 하나님은 자기 형상을 필요로 하고 있기 때문에 하나님이 가라사대 우리으 형상을 따라 우리의 모양대로 우리가 사람을 만들고(창 1:26)라고 말씀하셨네.

나성도:

생명은 둘이 아니고 하나라는 말씀이네요?

테스형:

하나님은 아버지도 있고 영도 있고 아들도 있지만 나타나는 것은 하나밖에 없다네. 언제나 하나로밖에 나타나지 않는다네. 아버지와 아들과 성령이 한 꺼번에 셋이 나타나는가? 그렇지 않다네. 나타날 때는 어차피 아들로 나타 나든가 성령으로 나타나든가 아버지로 나타나든가 하나밖에 나타나지 않 는다네. 나타난 것만이 영원한 실제라네. 아들 그리스도 안에서 아버지도 볼 수 있고 성령도 볼 수 있고 다 하나로 볼 수 있다네. 성령 따로 있고 아들 따로 있고 할 수가 없고, 아버지가 따로 있을 수 없다네. 그것이 모두 하나 로 나타나기 때문에 우리는 하나로 나타나는 것밖에 볼 수가 없다네. "남자 가 부모를 떠나 그의 아내와 합하여 둘이 한 몸을 이룰지로다."(창 2:24) 여 기서 생육하고 번성하는 것을 볼 수 있다네. 아버지와 아들 관계가 있고 남 자와 여자 관계가 있다네. 아버지와 아들 관계를 표현하는 것은 낳는 세계 를 표현하는 것이고, 남자와 여자로 표현하는 것은 완성을 위해서 표현하 는 것이라네. 하나님과 우리 사이를 아들이라 표현할 수도 있고 남자와 여 자라고 표현할 수도 있다네. '나는 이렇게 나쁘고 죄를 지었는데 하나님께 가겠습니까' 하는 것이 우리의 생각이지만 근원적으로 하나님은 나를 필요 로 하고 있다네. 왜 하나님께서 이스라엘을 찾고 버릴 수 없는가? 이스라엘 을 통해서 하나님이 꼭 나타날 수밖에 없기 때문이네.

20. 다윗의 나라냐 예수의 나라냐

나성도:

예수님께서 나귀 새끼를 타시고 예루살렘성에 입성하셨습니다. 여기서 중요한 것은 다윗의 나라와 예수님의 나라가 어떻게 다른가 하는 문제로 보입니다. 표면적으로 볼 때는 다른 나라 같은데요?

테스형:

사람들이 기다리는 것은 바로 다윗의 나라네. 다윗의 나라는 칼도 있고 말도 있고 군대도 있고 힘이 있는 나라이네. 다윗은 비록 하나님의 종이었더라도 그는 세상을 정복한 나라네. 모든 적군을 물리치고 이스라엘에게 완전한 승리를 가져왔다네. 이스라엘 사람들이 '우리 조상 다윗의 나라여'(막 11:10)하고 부르짖을 때는 바로 그런 나라를 찾고 있는 것이라네. 그러나 예수님의 나라는 그런 나라가 아니네. 예수님의 나라는 어린양만 있는 나라이지. 전혀 대조되는 두 나라이라네. 예수님께서 그도 성안으로 들어간 것이니 얼마나 서로 다른 나라인가? 표면적으로 볼 때는 다윗의 나라와 예수님의 나라는 완전히 다른 나라네. 다른 한편은 끌려가면서 어린양처럼 죽어가는 나라이네. 육신적인 사람의 안목에서 볼 때 이 두 나라는 도저히 서로 하나 될 수 없는 나라이네. 그러면 다윗의 나라는 버리고 예수님의 나라만 취하면 되는 것인가? 그것도 아니네. "아브라함과 다윗의 자손 예수 그리스도의 계보라"(마 1:1)라고 말할 때 다윗의 자손으로서 예수님을 말하고 있다네. 이 나라가 다르다면 예수님께서 어떻게 다윗의 후손이 되겠는가? 이것이 성령 안에서는 하나이기 때문에 이 말이 나오게 된 것이네. 여기서 우리는 다윗의 나라와 예수님의 나라가 하나로 보여져야 한다네. 다윗의 나라도 아니고 예수님의 나라도 아닌 그 어떤 나라가 있다네. 이것이 우리가 예루살렘성에 들어가서 분간해야 할 문제이네. 이것도 아니고 저것도 아니지만 다른 것이 하나 있는데 그것이 이 둘을 온전하게 하는 나라라네. 예루살렘으로 들어가는 일은 부활 생명으로만 들어갈 수 있다네. 우리는 지금 새 예루살렘으로 향해 가는데 그곳은 부활한 사람의 나라네. 그렇기 때문에 "다윗의 나라여 가장 높은 곳에서 호산나 하더라"(막 11:10) 하고 모두 소리를 지르고 있지만 예수님께서는 여기서 지극히 외로우시다네. 이 사람들이 부르짖는 그 나라는 아니니까 외로운 것이라네. 그 나라는 그 나라지만 그 내용이 그들이 부르짖는 나라와 다르기 때문이지.

나성도:

예수님께서 "아브라함이 나기 전부터 내가 있느니라"(요 8:58)라고 하셨는데 이 말씀을 어떻게 이해해야 하나요?

테스형:

예수님은 아브라함이 있기 전에 있었다네. 그는 누구인가? 예수님이 아니고 그리스도라는 말이라네. 예수님은 분명히 아브라함의 자손이네. 그러나 그리스도는 아브라함 이전에 있었다네. 마찬가지로 예수님 이전에 분명히 있었지만 예수님을 통해서 밖에 드러날 수 없는 분이다네. 그렇기 때문에 형식은 아브라함이라는 형식을 취했고 예수님이라는 형식을 취했지만 나타나는 것은 오직 그리스도뿐이네. 영원한 왕궁이 하나 있네. 그 영원한 왕국이 다윗이라는 형식을 통해서 나타나기도 했고 예수님이라는 형식을 통해서 나타나기도 했다네. 육신의 눈으로 볼 때는 다윗이라는 형식과 예수님이라는 형식밖에 보이지 않기 때문에 이 둘은 다르게 보인다네. 그러나 성령 안에서 보면 부활 생명 안에서 본다면 다윗이라는 형식으로 나타난 것도 영원한 왕국이고, 예수님이라는 형식을 통해서 나타난 것도 역시 영원한 왕국이라네. 하나님께서 다윗에게 '너의 영혼을 영원하게 했다'라고 약속하셨네. 그러나 다윗의 나라가 망했네. 완전히 망해서 없어져 버리고 말았네. 그러면 하나님의 말씀이 틀렸는가? 그것이 아니라네. 그 형식은 무너졌을지라도 하나님이 말씀하신 그 왕국은 영원히 있다네. 이 왕국이 지금 사람들에게 주어져야 할 왕국인데 사람들이 기다리는 것은 다윗의 형식만 기다리고 있다네. 그 형식에 매여 있는 사람은 이 왕국을 볼 수가 없다네. 형식이 아니고 왕국이라네. 문제는 왕국이네. 어떤 형식으로 나타나든지 간에 그 영원한 왕국이 우리가 살아야 할 왕국이네. 지체는 많으나 몸은 하나인 것과 같이 형식은 여러 가지이지만 생명은 하나라네. 우리는 각자의 형식을 가지고 있다네. 그러나 나타나는 것은 오로지 그리스도뿐. 그러므로 형식을 보고 있으면 그 영원한 왕국을 볼 수 없네.

나성도:

새 예루살렘은 영원한 성의 실제인가요?

테스형:

새 예루살렘은 영원한 성의 영원한 실체를 나타낸다네. 창세기에 한 동산이 있었다네. 이 동산은 사라지고 난 후에 사람들에게 나타나지 않았다네. 그런데 예루살렘 성이 건축되었다네. 이 성이 바로 감추어진 그 동산을 다시 재현하고 있던 성이라네. 그렇지만 이 성도 역시 시간이 지나니까 또 허물어져 버렸다네. 역사 안에서 이런 성들은 늘 지어졌다가 허물어진다네.

그러나 하나님의 성은 영원히 가고 있다네. 그 성이 무너질 때마다 하나님의 성은 더 완전한 성으로 더 완전한 성으로 가고 있다네. 사탄이 할 수 있는 것은 무엇인가? 그 형식을 자꾸 무너지게 하는 것이네. 우리가 만약 형식을 붙잡는다면 사탄이 금방 무너지게 해버린다네. 사탄의 목표가 어디 있는가? 생명을 건드릴 수 있는 것이 아니고 그 형식만을 건드릴 수 있다네. 형식이 무너지면 무너질수록 그만큼 늘 그 안에서 생명은 더욱더 확실하고 충만하게 드러났다네.

나성도:

우리에게 왜 십자가가 필요한가요?

테스형:

여기서 우리가 부활하지 않으면 안 될 이유가 생긴다네. 하나님 나라에 들어가려면 죽고 다시 살지 않으면 안 된다네. 우리가 그냥 사람으로서 그 나라를 볼 수 있다면 무엇 때문에 십자가가 필요하겠는가? 무엇 때문에 부활이 필요하겠는가? 필요치 않다네. 그런데 그 나라가 죽고 다시 산 사람에게만 나타나기 때문에 필요하다네. 영적인 사람이란 어떤 사람인가? 죽었다가 산 사람이라네. 그 사람이 바로 영이요 생명이 된다네. 그래서 모든 것을 볼 때 영이요 생명을 거기서 취할 수 있으며. 우리는 변하는 세계 속에서 변하지 아니하는 것을 가지고 있다네. 영원한 생명은 변하지 않지만 형식은 그때그때 늘 변해야 한다네. 나무가 자라는 것을 보면 늘 변한다네. 잎이 되고 있다가 어느 날 꽃이 되어야 하고. 꽃만 계속 피고 있어도 안 되고. 나무는 언젠가 열매를 맺어야 한다네. 형식은 변하도록 만들어져 있지만. 그러나 그 실제는 변하지 않게 되어 있다네. 영적인 사람이 아니면 영적인 나라를 볼 수 없네. 예수 그리스도께서 우리에게 주시고자 원하는 나라는 영적인 나라네. 그러나 그것이 형식이 없는 나라인가? 그렇지도 않다네. 분명히 영적인 나라인데 그 영적인 나라는 다른 형식을 소유하게 될 것이라네. 다윗의 왕국이 만일 육신적인 나라라면 다윗이 죽었을 때 다윗의 왕국은 이미 끝난 것이라네. 반면에 그 나라가 영원한 나라라면 지금도 있다네. 예수님이 그리스도라고 하면 예수님은 죽어도 그리스도는 영원하다네. 사탄은 예수님을 죽이면 예수님의 왕국이 없어질 것으로 생각했다네. 그러나 예수님을 죽임으로써 그 왕국은 더욱 확실해졌다네. 하나님 나라 이것을 우리가 누리는 것이라네. 만일 없어질 나라를 통하지 않고 우리에게 없어지지 않을 나라를 주신다면 얼마나 좋겠느냐고 생각하지만 없어질 나라를 통하지 않고는 없어지지 않을 나라를 줄 수가 없다네. 예수님을 통하지 않고 그리스도를 줄 수가 없다네. 다윗을 주지 않고 그리스도를 줄 수가 없다네. 만일 전선이 없이 전기가 온다면 그것은 너무나 위험한 일이라네. 전선을 통해서 주신 것을 참으로 감사해야 한다네. 우리의 썩어질 육신을 통해서 하나님께서 그리스도를 주신다는 것을 감사하게 생각해야 한다네. 무너져 가는 예루살렘이지만 그것을 통해서 영원한 새 예루살렘을 주신다는 것이 얼마나 축복된 일인지 모른다네.

21. 복음

나성도:

"하나님의 아들 예수 그리스도의 복음의 시작이라"(막 1:1)에서 이 복음은 무엇인가요?

테스형:

복음이라는 말은 좋은 소식, 기쁜 소식이라는 뜻이라네. 그런데 좋은 소식이 생기려면 누군가가 무슨 일을 해야만 한다네. 예수 그리스도의 충성스러운 봉사가 결국 우리에게 가져오는 복음이 되었다네. 넓은 의미에서 우리에게 기쁨을 주는 모든 것은 다 복음이라고 말할 수 있지. 그러나 성경이 말하는 복음은 구체적인 성질을 가지고 있다네.

나성도:

그러면 성경이 말하는 복음의 구체적인 내용은 무엇인가요?

테스형:

성경이 말하는 복음은 하나님이 사람에게 약속하신 것이 이루어졌다는 소식이네. 아브라함에게 하신 약속이 이루어졌고 이삭과 야곱에게 하신 약속이 이루어졌다네. 이 약속이 이루어졌다는 소식이 복음이네. 우리가 아무리 성취하려고 해도 안 되던 것이 이루어졌다는 소식, 이것이 복음이네. 즉 구약 전체가 이루어졌다는, 완성되었다는 이것이 바로 복음이네.

나성도:

그동안 하나님의 모든 약속과 예언이 왜 성취가 안 되었나요?

테스형:

하나님의 모든 약속과 예언이 왜 성취가 안 되었던가? 그것을 성취할 수 있는 사람이 없었기 때문이네. 하나님의 의가 없어서 표현되지 않은 것이 아니라 그 의를 해방시킬 수 있는 종 된 사람이 없었기 때문에 선포되지 못했다네. 그런데 그 하나님의 의를 해방시킬 수 있는 사람이 있으면 비로소 의가 선포된다네.

나성도:

하나님의 의를 해방시킬 수 있는 사람 그는 바로 예수그리스도이신가요?

테스형:

빌립보서 2장 6절에서 8절에 "그는 근본 하나님의 본체시나 하나님과 동등됨을 취할 것으로 여기지 아니하시고 오히려 자기를 비워 종의 형체를 가지사 사람들과 같이 되셨고 사람의 모양으로 나타나사 자기를 낮추시고 죽기까지 복종하였으니 곧 십자가에 죽으심이라"(빌 2:6-8)라고 말씀하셨는데 이것은 예수님께서 십자가에 죽으심으로 말미암아 그 약속이 한 사람 안에서 완성되었다는 것을 말하고 있다네.

나성도:

사람들이 생각하는 모든 복음에 대한 기대는 다 허망한 것들이고 사람의 인격이 완성되면 그것이 영원한 복음이 되겠네요?

테스형:

하나님께서 사람에게 두신 복음에 대한 소망, 그것만이 완전한 것이다. 모든 해답이 그 안에 있기 때문에 하나님의 계획만이 영원하고도 완전하다네. 창세기에서 "태초에 하나님이 천지 만물을 창조하시니라"(창 1:1)라고 하였는데, 그 요점은 사람을 창조한 것을 말한다네. 이것은 하나님 자신이 사람을 통해야만 형상화된다는 뜻이라네. 그러므로 복음은 인격이 완성되었다는 소식이네. 우리는 아담 안에서 인격이 실패했다네. "한 사람으로 말미암아 죄가 세상에 들어오고."(롬 5:12) 이것은 인격이 실패했다는 것을 말한다네. 인격이 실패했기 때문에 하나님의 모든 약속이 아담 안에서 이루어지지 않았다네. 모세를 통해서 하나님께서 드러나셨을 때 그것은 복음이 아니고 율법이었다네. 그런데 예수님을 통해서 드러나신 하나님은 복음이었다네. 이것을 볼 때 인격의 완성 안에서 하나님이 완성된다는 것을 알 수 있다네. 우리가 찾던 모든 것이 그 안에 있다는 것을 알 수 있다네.

나성도:

갈라디아서 3장 14절을 보면 "이는 그리스도 예수 안에서 아브라함의 복이 이방인에게 미치게 하고 또 우리로 하여금 믿음으로 말미암아 성령의 약속을 받게 하려 함이라"라고 말씀하셨는데 하나님의 약속은 육신적인 것이 아니라 영의 약속이란 말이겠네요?

테스형:

그리스도 예수는 부활하신 예수님을 말한다네. 성령의 약속은 부활의 약속이라네. 예수 그리스도의 부활하심으로 말미암은 하나님의 약속은 육신적인 약속이 아니라 성령의 약속이라네. 성령의 약속은 부활의 영 안에서 셋이고 하나인 하나님에 우리를 넣는 것이라네. 이 부활의 영은 그리스도이며. 성령의 축복 안으로 들어간다는 것은 우리의 인격이 완성된다는 것을 말한다네. 우리가 더 이상 육신에 매여 있지 않고 하나님이 창조하신 영원한 목적을 따라서 성령의 약속을 받는 사람이 되는 것이라네. 예수 그리스도를 통해서 우리가 복을 받는 것처럼 또 우리를 통해서 다른 사람이 복을 받는다네. 사람에게 생명나무가 들어가면 그것이 곧 영생이라네. 이것은 하나님이 들어간다는 것을 말하고 있다네. 밭에 씨가 들어가면 열매를 맺고. 밭에는 씨가 들어가는 것이 복음이고 완성이네. 사람에게는 하나님이 들어가는 것이 완성이고 복음이라네.

나성도:

하나님은 어떻게 우리 안에 들어오셔서 우리와 하나가 되는 것인가요?

테스형:

여러 과정을 거쳐 예수 그리스도를 통해서 우리와 하나 되게 되었다네. 그는 마지막에 십자가를 지시는 과정을 통해서 우리와 하나인 자리에 오시게 되었다네. "하나님의 아들 예수 그리스도의 복음의 시작이라." 하나님과 사람이 만나는 것, 이것이 복음이라네. 왜냐하면 이 안에서 하나님의 모든 약속이 완성되기 때문이네. 우리에게 주신 하나님의 약속은 어디에서 이루어지는가? 부활 생명 안에서 그 약속이 성취된다네. 그러니까 그리스도 자신이 바로 복음이라네.

나성도:

그리스도는 어떻게 우리에게 복음을 가져오셨나요?

테스형:

그가 거친 모든 과정이 우리에게 복음이라네. 그가 여자의 몸에서 났고 종교로부터 버림받았으며 모든 인간으로부터 버림받았을 뿐만 아니라 심지어 하나님으로부터 버림받았기 때문에 복음이라는 것이네. 그리고 하나님으로 말미암아 다시 살림을 받으신 그것이 우리에게 복음이네. 세상으로부터 버림받아야 사람이라네. 왜냐하면 세상은 아담이기 때문에 그 아담으로부터 버림받은 것이 바로 사람이고 그리스도이네. 선악과가 육체가 된 사람은 하나님으로부터 버림받는 것이 축복이네.

나성도:

어떻게 사탄을 멸하고 하나님 나라가 이루어질 수 있나요?

테스형:

하나님의 첫 번째 목표는 그 원수인 사탄을 잡는 것이고, 두 번째 목표는 자기 자신이 사람 안으로 들어와서 사람이 되심으로서 자신의 나라를 갖는 것이라네. 하나님 문제와 사람의 문제는 똑같다네. 한 가지 문제네. 복음은 하나님을 만족하게 하는 일이고 또 사람을 만족하게 하는 일이네. 우리가 예수 그리스도 안에 있으면 이 두 가지가 함께 이루어진다네. 우리가 십자가 안에 있으면 사탄을 이기게 되고 부활 안에 있으면 하나님 안에 있게 된다네. 그러므로 예수 그리스도 안에 있으면 이 둘이 한꺼번에 성취된다네. 우리가 부활 안에 있지 아니하면 세상을 이길 방법이 없네. 육신 안에 있으면 육신의 문제를 해결하려고 아무리 애를 써도 그것을 해결할 길이 없다네. 예수 그리스도의 부활 안에 있을 때 인생의 모든 문제는 전혀 근거가 없다는 것을 발견하게 된다네. 십자가와 부활 그 안에 완전한 복음이 있네. 이 것이 영원한 복음이네. 우리를 대표하신 한 분 예수님이 이것을 성취했다 는 것은 우리 모두가 그것을 성취할 수 있다는 것을 말하고 있다네. 사람이 하는 것은 모든 사람이 다 할 수 있네. 그러나 사람이 못 하는 것은 다른 사 람도 할 수 없다네. 새가 하는 것은 사람이 못 하지만 사람이 하는 것은 사 람이 다 할 수 있다네. 예수님이 한 것은 우리가 다 할 수 있는 일들이라네. 그래서 그것이 복음이네.

나성도:

예수님은 무엇을 가지고 사탄을 이기셨나요?

테스형:

사탄은 "네가 만일 하나님의 아들이어든 명하여 이 돌들로 떡덩이가 되게 하라"(마 4:3)라고 했다네. 그러면 우리 생각에는 돌로 떡을 만들어 먹어야 이길 것 같다네. 그런데 예수님께서는 돌로 떡을 만들어 먹지 않으셨다네. 그는 돌로 떡을 만들어 먹지 않는 것으로 이기셨다네. "사람이 떡으로만 살 것이 아니요 하나님의 입으로 나오는 모든 말씀으로 살 것이라"(마 4:4)라 고 하셨는데 이겼다네. 그다음에는 '예수님을 성전 꼭대기에 세워 놓고 뛰 어내리라. 그러면 네가 하나님의 아들이라고 인정되지 않겠느냐'(마 4:6) 라고 했다네. 예수님은 뛰어내리지 못하는 걸로 이겼지 뛰어내리는 걸로 이 기지 않았다네. 우리 생각에는 뛰어내려야 이길 것 같다네. 그러나 그것이 아니고 "주 너의 하나님을 시험하지 말라"(마 4:7)라고 말씀하셨다네. 사탄 은 또 예수님께 천하만국의 영광을 보이면서 "이르되 만일 내게 엎드려 경배하면 이 모든 것을 네게 주리라"(마 4:9)라고 했는데. 예수님은 "주 너의 하나님께 경배하고 다만 그를 섬기라"(마 4:10)라고 하였다네. 주님은 우리를 지극히 축복된 자리, 안식의 자리로 인도하신다네. 예수 그리스도께서 오신 것은 종으로 섬기는 자로 오셨다네. 종은 붙잡혀 왔기 때문에 자기의 뜻대로 살 수 없고 주인이 하라는 대로 할 수밖에 없다네. 그가 그렇게 할 수밖에 없는 그 자리가 우리에게 복음이 된다네. 십자가에 못 박으면 박혀야 하고, 끌고 가면 끌려가야 되고, 조롱하면 조롱당해야 하는 그것이 복음이 되었다네. 이것이 참으로 감춰진 비밀이네.

22. 율법

나성도:

율법이란 무엇인가요?

테스형:

하나님의 백성으로서 세상에서 구별되어 거룩하게 살도록 하나님이 세우신 법이라네. 율법은 일차적으로 십계명을 가리킨다네. 구약시대 이스라엘 백성은 율법을 지키는 것으로 여호와에 대한 자신의 신앙을 나타내었다네. "그러나 율법의 행위로는 그의 앞에 의롭다 하심을 얻을 육체가 없나니."(롬 3:20)라고 말씀하셨네.

나성도:

그렇다면 하나님께서는 왜 이스라엘 백성에게 율법을 주셔서 지키게 하셨나요?

테스형:

율법은 인간에게 그 죄악성을 드러내고 죄인 됨을 깨닫기 위하여 우리에게 주셨다네. 죄인 된 인간은 율법을 지킬 수 없다는 것을 깨달으라고 하나님께서 율법을 주신 것이네. 율법의 궁극적 기능은 죄인 된 인간을 예수님께로 인도하는 교사가 되어 우리로 하여금 믿음으로 의롭다 함을 얻게 하려는 것이네(갈 3:24). 하나님이 죄인 된 우리에게 율법을 주신 목적은 죄인 된 너희는 율법을 지킬 수 없다는 것을 깨닫게 하고, 죄인 된 너는 율법을 지키려는 것을 중단하고 예수님께로 가서 예수님을 믿는 믿음으로 율법의 요구를 충족시켜 의에 이르라는 것이라네.

나성도:

죄인 된 우리가 율법을 지킬 수 없는 이유가 무엇인가요?

테스형:

"누구든지 온 율법을 지키다가 그 하나를 범하면 모두 범한 자가 되나니 간음하지 말라 하신 이가 또한 살인하지 말라 하셨은즉 네가 비록 간음하지 아니하여도 살인하면 율법을 범한 자가 되느니라."(약 2:10-11) 이뿐만 아니라 예수님은 사람을 미워하면 살인한 것이요, 여자를 보고 마음에 음욕을 품으면 간음한 자라고 하셨다네. 당시 유대인들은 율법을 행위로 지키면 의에 이른다고 믿고 있었다네. 그런데 예수님은 행위가 없다고 하더라도 사람이 마음에 미워하는 마음이 있으면 살인한 것이요 여자를 보고 음욕을 품으면 간음한 것이라 하셨으니 이 말을 들은 유대인들은 자기들이 율법을 지킬 수 없음을 알고 예수님을 십자가에 못 박게 한 것이네.

나성도:

예수님께서는 율법 아래서 저주를 받아야 할 우리를 어떻게 속량하셨나요?

테스형:

예수님께서는 율법 아래 나셨고 또 율법대로 사셨으며, 십자가에 달리심으로 율법의 저주를 받아 율법의 요구를 완전히 이루심으로 율법 아래 있는 우리 모든 죄인을 죄에서 속량하셨다네. 따라서 구약의 모든 율법은 예수님의 복음 안에서 완전하게 되었다네. 율법의 저주를 받아 죽어야 할 우리를 대신하여 십자가에서 죽으심으로 우리의 죄값을 예수님이 온전히 갚으셔서 우리가 죄에서 해방되었다네. 그리하여 예수님의 십자가 구속을 의지

하는 자는 의롭다 하심을 얻게 되었다으며. 죄인이 의인이 된 것이네. 이제 우리는 더 이상 율법 아래 있지 아니하고 은혜 아래 있게 되었다네.

나성도:

성경에서는 율법을 후견인이라 하던데요(갈 4:2). 후견인이란 무엇인가요?

테스형:

어떤 사람이 자동차 운전을 하기 위해서는 필기시험에 합격해야 한다네. 그렇다고 그가 도로에 나와서 바로 운전을 할 수 있는 것은 아니고. 자동차로 도로 연수를 받아야 했다네. 그러면 그 옆에 운전 연수를 시키는 사람이 앉아서. 내 브레이크와 같이 연결된 브레이크를 밟으면서 가다가 내가 미처 못 밟으면 그가 밟아 주면서 운전 연수를 시켜 준다네. 이 옆에 있는 사람이 누구인가? 그가 율법이네. 이것을 후견인이라고 한다네. 그래서 성경은 율법을 후견인(갈 4:2)이라고 말한다네. 아들은 아버지의 정한 때까지 후견인 아래 있네. 마찬가지로 율법은 우리가 성인이 될 때까지만 필요한 것이네. 성인이 되었다면 이제 폐지되어야 하고. 복음이 오면 율법은 폐지되어야 한다네.

나성도:

오늘날 많은 사람들이 성경을 읽으면서 율법으로 읽고 있는데 왜 그럴까요?

테스형:

성경에서 '무엇을 하라. 무엇을 하지 마라'라고 했으므로 그대로 살아야 한다는 사람들이 있다네. 이것이 바로 율법주의라네. 어렸을 때는 당연히 '이

것은 하고, 이것은 하지 마라'라고 가르쳐야 한다네. 그때는 그것이 필요했지만. 그러나 성인이 된 다음에는 그것을 버려야 한다네. 성경을 읽을 때 사람들이 모두 율법으로 읽고 있으며 그러면서 자기는 성경대로 하고 있다고 생각한다네. 성경대로 한다는 것이 바로 율법주의라네. 율법 안에서는 생명이 자랄 수 없고 몸은 커도 당연히 어린이밖에 안 된다네. 복음이 왔다면 율법은 자연히 폐기될 수밖에 없고 소멸될 수밖에 없다네. 복음 안에 있는 사람들은 율법을 따라 행하는 것이 아니고 자기 안에 있는 생명 즉 새 생명을 따라 행하게 된다네.

나성도:

아브라함 때는 율법이 없었는데, 그러면 그때는 어떻게 살아갈 수 있었나요?

테스형:

이제 율법 시대가 끝나고 은혜 시대가 왔다네. 이 말은 2000년 전 그때는 구약이고 지금은 신약이라는 말이 아니네. 그리스도가 안 오면 구약이고 그리스도가 오면 신약이네. 복음이 없으면 율법이고 복음이 있으면 율법이 끝났다네. 아브라함 때는 율법이 없었다지 그래서 바울은 말하기를 율법이 먼저 있었던 것이 아니고 430년 후에 온 것이라고 했다네. 아브라함 때는 율법이 없어도 되었지 왜냐하면. 아브라함은 하나님의 인도를 받았기 때문이라네. 하나님 자신이 생명으로 인도하신다면 율법은 필요 없다네. 우리는 율법 시대에 있는 것이 아니고 복음 시대에 살고 있다네. 우리는 완성된 인격을 보고 사는 시대에 살고 있으며. 우리는 그 인격을 보고 그 인격을 살려 내는 시대에 살고 있다네. 비록 그것이 서툴지라도 이 인격을 살려 내는 것이 신약시대라네. 어쩌면 이것이 율법보다 더 완벽하지 못할 수도 있네. 율법은 모든 것이 규정으로 정해져 있으므로 아주 빈틈없이 되어 있다네. 생명이 미숙할 때는 실수도 있고 좀 허술할 수도 있다네. 그러나 생명이 자라기 위해서는 율법 안에 있으면 안 된다네. 생명이 자라면 장차 율법을 능히 지배할 수 있게 된다네. 복음은 율법의 완성이네.

나성도:

복음은 어디에서 나왔나요?

테스형:

복음은 십자가에서 나왔다네. 십자가는 바로 복음을 생산하는 자리라네. 그래서 우리를 십자가로 이끄시는 것이네. 예수 그리스도가 복음이 되었던 것처럼 우리 자신이 다른 사람에게도 복음이 된다네. 아브라함에게 주신 약속이 오늘 우리 안에서 성취되고 있네. "네 씨로 말미암아 천하 만민이 복을 받으리니"(창 22:18)라고 하신 그 약속이 지금 그리스도 안에서 성취되고 우리 안에서 성취되고 있다네. 참으로 기이한 일이 예수님 안에서 일어났다네. 예수 그리스도는 복음의 시작이며, 하나님의 나라는 예수님으로 말미암아 시작된 나라이네. 하나님은 쓸모없는 사람들을 불러서 가장 귀한 나라를 만드시는 분이네. 땅에서 먼지를 취해서 사람을 만드신 것처럼 지금도 이 세상에서 못살고 잘 안되는 사람들만 불러 모아서 자기의 나라를 만드시는 분이라네. 하나님은 고물상 주인과 마찬가지네. 그래서 우리는 찬송하지 않을 수 없다네. 우리는 다 고철인데 하나님 손에 의해서 우리가 좋은 물건이 되었으므로 영원히 찬송하지 않을 수 없다네. 이것이 하나님 나라이라네.

23. 광야 생활

나성도:

광야는 어떤 곳인가요?

테스형:

광야는 넓고 거친 들판과 사막으로 농사짓기에 부적합한 넓은 땅이며, 인적 없는 쓸쓸한 곳인 가나안 남쪽 유대 광야 같은 곳을 가리킨다네. 또한 광야는 세상을 가리키는 말이기도 하네. 믿음의 입장에서 보면 시련을 받는 장소이기도 하지.

나성도:

성경에서 말하는 광야 생활은 어떤 생활을 말하는 것인가요?

테스형:

이스라엘이 430년 종살이하던 이집트를 탈출하여 40년간 시련을 받은 광야 생활과 예수님이 공생애를 시작할 무렵 광야에서 사탄의 시험을 받은 곳을 가리킨다네. 그리고 야곱이 형 에서를 피하여 밧단아람으로 도망하여 외삼촌 라반의 집에서 겪은 시련과 요셉이 17살 어린 나이에 형들의 질투를 받아 이집트로 팔려 가 감옥 생활을 비롯한 시련과 모세가 40년간 겪은 시련 등 믿음의 선진들은 광야 생활을 통하여 새로운 사람으로 바뀌었다네.

나성도:

사람은 왜 광야 생활을 거쳐야만 새사람이 될 수 있는 것인가요?

테스형:

이스라엘 백성이 이집트를 탈출하여 유대 광야에 왔을 때 그곳은 먹을 양식이 없고 마실 물도 없었다네. 낮에는 너무 덥고 밤에는 추운 날씨라 잠을 잘 수조차 없는 환경이었네. 이것을 하나의 역사로만 알아들을 때는 나와는 관계가 없는 하나의 사건으로만 남는다네. 그러나 내가 그때 그곳에 있었다고 한다면 어떠하겠는가? 이 사건을 나의 문제로 알아들을 그때 그 사건이 나의 문제가 되고 나의 실제가 될 수 있다네. 내가 그곳에 있었다면 어떠했을까? 그곳에서는 어느 곳으로 도망을 가려고 해도 갈 수도 없다네. 앞과 뒤 사방이 다 꽉 막혀서 아무런 소망이 없다네. 며칠 동안만 그렇게 견디라면 견딜 수도 있지만 그런 기약이 전혀 없네. 내가 지금 그곳에 혼자 놓여졌다면 어떠할까? 아무런 신앙이 없는 사람일지라도 하늘만 쳐다볼 수밖에 없을 것이네. 이때 사람들은 하나님을 간절하게 찾게 된다네. 그럴 수밖에 없기 때문이지. 인간은 조금만 틈만 있어도 그곳으로 빠져나갈 궁리를 하게 되어 있다네. 이것이 우리 모두의 인생이네.

나성도:

이스라엘 백성이 유대 광야에 있을 때 하나님은 그들에게 만나를 주어 먹게 하셨고 반석에서 물을 내어 마시게 하셨으며, 낮에는 구름 기둥으로 인도하시고 밤에는 불기둥으로 인도하셨으나 이집트에서 나온 세대 중에는 가나안에 들어간 사람은 갈렙과 여호수아뿐이었다고 성경에는 기록되어 있는데 왜 그렇게 되었을까요?

테스형:

이집트에서 살다가 광야로 나온 사람들은 하늘에서 만나가 내려와 그것을 먹을 때는 잠시 불평이 없다가 그때뿐이고 조금만 지나면 또 불평과 원망하며 이집트 생활을 그리워하고 자기들의 구원자인 모세를 향해서 왜 우리를 이곳으로 오게 만들었냐고 불평하는 모습을 자주 볼 수가 있다네. 물이 없으면 물이 없다고 불평이고, 고기가 없으면 고기가 없다고 원망을 했다네. 반석에서 물을 내면 잠시 조용하다가 또 불평을 했다네. 고기를 주어서 먹게 하면 그때뿐이었네. 이스라엘 백성이 가나안까지 가는데 십여 일이면 들어갈 수 있는 길을 40년이 걸렸고, 이집트에서 나온 세대는 광야에서 다 죽었고 여호수아와 갈렙만 들어갈 수 있었다네. 구원자인 모세까지도 가나안을 바라만 보고 들어갈 수 없었네. 이집트란 죄의 세상을 상징한다네. 이집트에서 태어난 사람이란 죄인으로 태어난 사람을 상징하며 아담의 후손들이라네. 성령으로 다시 태어나지 않은 사람, 즉 구원받지 못한 사람들은 모두가 아담의 후손 그대로이고 죄인이라네. 죄인은 성령으로 다시 태어나서 의인이 되어야만 하나님 나라인 가나안에 들어갈 수가 있다는 것이네. 이집트 생활을 그리워하고 있는 한 가나안에 들어갈 수 없네. 죄의 세상을 끝내야 들어갈 수 있는 곳이 가나안이네. 광야 생활에서 하나님을 만나야 한다네. 그리고 죄의 세상인 이집트 생활을 끝내야 한다네. 그래서 광야 생활을 어떻게 지내느냐가 매우 중요하다네. 광야 생활에서 아담의 인생을 끝내고 그리스도의 사람으로 다시 태어나야 한다네. 하나님의 백성이 된 사람이 되어야 한다네. 그래야만 하나님 나라인 가나안에 들어갈 수 있고. 광야를 거치지 않고 가나안에 들어갈 수 없네. 광야 생활에서 불평과 원망만 하다가는 가나안에도 들어가지 못한다네. 헛고생일뿐이네. 그래서 광야 생활을 어떻게 보내느냐가 매우 중요하다네.

24. 알곡과 쭉정이

나성도:

마태복음 3장 12절에 "손에 키를 들고 자기의 타작 마당을 정하게 하사 알곡은 모아 곡간에 들이고 쭉정이는 꺼지지 않는 불에 태우시리라"라는 말씀이 있는데, 이 말씀 가운데 알곡은 무엇이며 쭉정이는 무엇인가요?

테스형:

농사를 지어 본 사람은 알곡이 무엇이며 쭉정이가 무엇인지 잘 알고 있다네. 밭에서 곡식을 추수하여 타작마당에서 타작을 하고 나면 그 곡식을 키로 까불거나 풍구로 바람을 불면 알곡은 무게가 있어 앞에 떨어지고 쭉정이는 가벼워서 멀리 날아가기 때문에 알곡과 쭉정이를 구별하여 나눌 수가 있다네. 더 정확하게 말하면 그 곡식의 알맹이를 땅에 심었을 때 싹이 나오면 알곡이고 싹이 나오지 않으면 쭉정이라네. 농부는 알곡을 모아서 곡간에 넣고 쭉정이는 불에 태우게 된다네. 이것이 농부가 하는 일이네.

나성도:

세례 요한이 알곡과 쭉정이에 대하여 말한 것은 어떤 의미가 있는 것인가요?

테스형:

여기서 세례 요한이 말하려는 것은 알곡과 쭉정이를 비유로 사람의 어떠함을 말하려는 것이네. 알곡은 생명이 있는 사람을 말하는 것이고 쭉정이는 생명이 없는 사람을 비유한 것이네.

나성도:

사람이 그 안에 생명이 있는 사람, 즉 알곡의 사람이 되려면 어떻게 해야 하나요?

테스형:

예수님이 내가 곧 길이요 진리요 생명이라고 말씀하셨다네. 생명은 곧 예수 그리스도 자신이라는 말이네. 창세기 2장 9절에서 "동산 가운데에는 생명 나무와 선악을 알게 하는 나무도 있더라"라고 하였네. 여기에 나오는 생명 나무는 곧 예수그리스도이시네. 인류의 조상인 아담이 하나님이 먹으라는 생명나무 열매, 즉 생명과를 먹었다면 우리 모든 사람은 생명을 소유한 사람, 즉 알곡이 되었을 것이네. 그러나 아담은 창세기 2장 17절에서 하나님이 "선악을 알게 하는 나무의 열매는 네가 먹지 말라 네가 먹는 날에는 반드시 죽으리라" 한 말씀을 들었음에도 창세기 3장에서와 같이 사탄의 꾀임에 빠져서 하나님께서 네가 먹으면 반드시 죽으리라 한 선악과를 먹었네. 그로 인하여 아담은 에덴동산에서 쫓겨났고 하나님과의 관계는 단절되었다네. 그래서 아담은 죄인이 된 것이네. 선악과를 먹은 아담 안에는 생명이 없네. 생명이 없는 아담은 곧 쭉정이 인생이 되었다네. 아담의 후손인 모든 사람, 즉 아담 안에 있는 모든 사람은 쭉정이로 태어난 것이라네.

나성도:

아담의 후손인 모든 인류가 아담 안에서 쭉정이로 태어났다면 어떻게 하여야 알곡이 될 수 있나요?

테스형:

생명나무 열매인 생명과를 먹어야 알곡이 된다네. 그런데 에덴동산에서 생명나무로 있던 예수 그리스도께서 죽었던 우리를 구원하시려고 이 땅에 사람(인자)으로 오셨다네. 요한복음 3장 16절에서 이렇게 말씀한다네. "하나님이 세상을 이처럼 사랑하사 독생자를 주셨으니 이는 저를 믿는 자마다 멸망하지 않고 영생을 얻게 하려 하심이니라." 하나님의 독생자를 믿으면 영생을 얻는다네. 생명을 얻게 되면 그 사람은 알곡이 되는 것이라네. 그러면 쭉정이가 알곡으로 다시 태어나는 것이라네. 요한복음 6장 35절에 "예수께서 이르시되 나는 생명의 떡이니…." 그리고 51절에 "나는 하늘에서 내려온 살아 있는 떡이니 사람이 이 떡을 먹으면 영생하리라." 53절에 "예수께서 이르시되 내가 진실로 진실로 너희에게 이르노니 인자의 살을 먹지 아니하고 인자의 피를 마시지 아니하면 너희 속에 생명이 없느니라." 예수님의 이 모든 말씀들을 종합해 보면 생명이신 예수 그리스도와 하나 되어야 영생하는 사람이 된다는 말씀이네. 알곡이 된다는 말씀이네.

나성도:

예수 그리스도를 먹고 마시면 예수 그리스도와 하나가 되어 영생한다는 말씀인데 어떻게 하여야 예수 그리스도와 하나가 될 수 있는지 좀 더 설명을 해주세요?

테스형:

예수 그리스도와 내가 하나가 되는 유일한 길은 십자가의 길이라네. 예수님과 함께 십자가에서 못 박혀 죽고 예수님과 함께 부활 생명으로 다시 태어나야 한다네. 갈라디아서 2장 20절에 "내가 그리스도와 함께 십자가에 못 박혔나니 그런즉 이제는 내가 산 것이 아니요 오직 내 안에 그리스도께서 사신 것이라."

나성도:

알곡은 모아 곡간에 들이고 쭉정이는 꺼지지 않는 불에 태우리라 하셨는데 이 말씀의 뜻은 무엇인가요?

테스형:

알곡이 곡간에 들어간다는 것은 그리스도의 생명을 가진 사람은 하나님 나라에 들어가게 된다는 것이고, 생명이 없는 사람은 지옥 불에 던져진다는 말씀이네. 농부가 알곡을 곡간에 들이는 것이나 쭉정이는 불에 태우는 것이나 같은 원리라네. 하나님은 원리로 세상을 다스리시며 섭리하신다는 것을 우리에게 일깨워주시는 말씀이라네.

나성도:

이 말씀을 듣고 우리가 깨달아야 할 것은 무엇인가요?

테스형:

예수님께서 우리에게 원하시는 것은 너희가 쭉정이가 되지 말고 알곡이 되라는 말씀이네. 우리 안에 그리스도의 영이 없으면 그리스도의 사람이 아니라네. 교회에 다니는 사람들을 크리스챤이라고 하지만 그 사람 안에 그리스도의 영이 없으면 크리스챤이 아니네. 전도, 봉사, 헌금 생활을 열심히 한다고 해서 크리스챤이 아니라네. 알곡, 즉 구원받은 사람, 부활 생명으로 거듭난 사람, 새로운 피조물로 다시 창조된 그 사람이 아니면 하나님 나라에 들어갈 수가 없다는 것을 알려 주는 말씀이라네.

25. 한 알의 밀

나성도:

예수님께서 말씀하시기를 "한 알의 밀이 땅에 떨어져 죽지 아니하면 한 알 그대로 있고 죽으면 많은 열매를 맺느니라 자기 생명을 사랑하는 자는 잃어버릴 것이요 이 세상에서 자기 생명을 미워하는 자는 영생하도록 보전하리라"(요 12:24-25) 하셨는데 이 말씀을 하신 의미는 무엇인가요?

테스형:

옥합이 깨지면 향기가 풍기고 밀이 땅에 떨어져 죽으면 열매가 나온다네. 이 원리는 영원히 동일하다네. 예수님이 그러하시면 우리도 그렇다네. 원리는 동일하지. 그분이 깨져서 향기가 났다면 우리도 깨지면 향기가 나게 되어 있다네. 옛날에 반석이 깨져서 물이 나왔으면 지금도 역시 반석이 깨지면 물이 나온다네. 반석 층은 굉장히 두꺼워서 어떤 것은 수십 미터 수백 미터나 된다네. 그래서 생수를 개발하는 사람들은 반석을 뚫어서 생수를 찾는다네. 뚫어지지 않고서는 물이 나올 방법이 없고 깨지지 않고는 물이 나올 방법이 없다네. 마찬가지로 씨가 죽지 않고는 열매가 나올 방법이 없다네.

나성도:

이 원리는 인생에서도 마찬가지인가요?

테스형:

이 원리는 인생에도 영원히 동일하다네. 공부를 해도 마찬가지이고, 장사를 해도 마찬가지이고, 주님을 따르는 것도 마찬가지라네. 모두 재수가 좋아서가 아니네. 그만큼 자기가 깨져서 된 것이라네. 자기를 사랑하는 사람은 잃을 것이고 자기를 버리는 사람은 얻을 것이라고. 예수님은 그렇게 말씀하셨다네. 참으로 이상한 것 같지만 이상한 말이 아니라 쉬운 말이네. 심오한 말 같지만 평범한 말이네. 예수님의 말씀은 쉬운 말씀이네. 물건을 사려면 돈을 지불해야 하지 않나. 그러니까 돈을 잃어버린 사람은 물건을 가져오게 될 것이고, 돈을 잃어버리지 않는 사람은 물건을 가져오지 못하게 될 것이네. 세상에 이것을 모르는 사람이 어디 있겠는가? 돈보다 더 좋은 것이 있으니까 돈을 버리고 물건을 얻으려고 한다네. 영원한 생명을 얻기 위해서는 무엇인가를 버려야 한다네. 버리지 않고는 얻을 수 없네. 내 생각을 버리지 않고는 하나님 생각이 들어올 수 없고. 옥합이 깨지니까 향기가 나오고 한 알의 밀이 죽으니까 열매를 맺는다네.

나성도:

영원한 것을 얻기 위해서는 어떻게 하여야 하는가요?

테스형:

영원한 것을 얻기 위해서는 내 목숨을 주고 부활 생명으로 바꾸어야 한다네. 자기 목숨을 사랑하는 자는 잃어버릴 것이고, 이 세상에서 자기의 목숨을 미워하는 사람은 영원한 생명을 보존하게 될 것이네. 영생은 곧 부활 생명이라네. 부활 생명은 세상을 심판하는 생명이네. 돈은 없어도 쌀을 가지고 있는 사람과 돈은 많아도 쌀이 없는 사람 중에 누가 심판자가 되겠는가? 쌀을 가진 사람이네. 흉년이 돌아왔는데 한 사람은 돈만 있고, 한 사람은 쌀만 있다면 누가 심판자가 되겠는가? 당연히 쌀을 가진 사람이네. 최종적인 것으로 교환한 사람, 최종적인 것으로 바꿔서 갖고 있는 사람, 영원한 것으로 바꿔 가지고 있는 사람이 곧 심판자라네.

나성도:

세상에 대해서 영원한 심판자는 누구인가?

테스형:

부활 생명은 세상에 대해서 영원한 심판이라네. 세상은 아담판이네. 그리고 사탄은 바로 그 아담을 주관하고 있는 자라네. 아담 안에서 아담을 주관하고 있는 자가 사탄이네. 그러나 아담이 없는 데는 사탄도 없다네. 아담이 없으면 사탄도 주관할 것이 없다네. 그런즉 우리가 아담을 벗어던져 버리면 사탄은 없어진다네. 그러나 사람들은 아담을 그냥 두고 '주여 믿습니다. 사탄아 물러가라' 하며 부르짖는다네. 그래봤자 목만 쉴 뿐이지 사탄은 물러가지 않는다네. 아담이 그대로 있는 한 아무리 쫓아내려고 해도 안 된다네. 영원한 생명이신 그리스도가 오시면 사탄은 저절로 물러난다네. 있을 곳이 없으니까 스스로 물러난다네. 햇빛이 비치면 곰팡이는 저절로 사라진다네. 부활 생명이 오면 어둠이 사라진다네. 죽음이 영원히 없어지게 되는 것이네. "나는 부활이요 생명이니 나를 믿는 자는 죽어도 살겠고 무릇 살아서 나를 믿는 자는 영원히 죽지 아니하리니 이것을 네가 믿느냐"(요 11:25-26)라고 하셨네. 왜 이런 말씀을 하셨는가? 부활 생명이 있기 때문이라네.

나성도:

예수님이 "내가 땅에서 들리면 모든 사람을 내게로 이끌겠노라"(요 12:32)라고 하셨는데 이 말씀의 의미는 무엇인가요?

테스형:

예수님은 땅에서 들림으로써 모든 사람을 사탄의 주관하에서 끌어내셨네.

사탄의 주관하에 있는 사람을 끌어내리면 부활 생명이 있어야 한다네. 부활 생명이 아니면 사탄의 주관 아래 있는 사람을 끌어낼 수 없다네. 고기를 낚으려면 낚싯밥이 있어야 하지. 미끼도 주지 않는데 고기가 물리겠는가? 한 알의 밀알이 죽으면 열매를 맺고 옥합이 깨지면 향기가 난다네. 하나님께서는 우리가 주님 앞에 우리의 옥합을 깨기를 원하신다네. 한 알의 밀알이 땅에 떨어져 죽어서 열매 맺기를 원하신다네. 예수님 자신이 그러하셨고 마리아가 그랬듯이 우리도 그렇게 되기를 원하신다네.

26. 나는 포도나무요
너희는 가지니

나성도:

요한복음 15장에서는 포도나무 비유를 말씀하셨는데 왜 포도나무 비유를 여기서 말씀하셨는지요?

테스형:

포도나무의 비유를 드신 이유는 교통을 말하기 위한 것이라네. 나무는 무엇인가? 그것은 열매를 맺기 위해서 무엇인가를 공급하는 통로라네. 포도는 나무에서 열리지 않고 새로운 가지에서 열린다네. 나무에서는 포도가 열리지 않는다네. 그래서 포도밭에서는 늦가을이 되면 포도 가지를 다 잘라 버리고 봄이 돌아오면 또다시 잘라서 새순이 나게 한다네. 새순이 나면 거기서 포도가 열리지. 나무 자체에서는 포도가 열리지 않네. 그러면 그 나무는 왜 있는가? 가지에 무엇인가를 공급하기 위해서 있는 것이네. 뿌리는 땅에 묻혀서 보이지 않고. 보이는 것은 나무뿐이라네. 마찬가지로 하나님 아버지는 보이지 않기 때문에 어디에 계신지 모르고 어떻게 생겼는지 모른다네. 그러나 아들인 예수님은 우리가 보았다네. 아들은 왜 왔는가? 우리에게 생명을 공급하기 위해서 오신 것이네. 아들이 온 것은 양으로 하여금 생명을 얻고 더 풍성히 얻게 하려는 것이라고 말씀하셨다네(요 10:10). 그러므로 포도나무 비유로 말씀하신 것은 하나님과 우리 사이에서 중보자가 되시는 그리스도를 보여 주시려는 것이네. 부활 생명이라고 해서 저절로 자라고 열매 맺는 것은 아니라네. 반드시 중보를 통해서 자라고 열매를 맺는다네. 나무에 붙어 있는 가지는 열매를 맺지만 붙어 있지 않는 가지는 말라 버리고 만다네. 나무는 뿌리와 가지 사이에 중보 역할을 하고 있는 것이라네.

나성도:

하나님이 사람을 지으시고 에덴동산 가운데에 생명나무를 두신 이유는 무엇인가요?

테스형:

동산 안에는 두 나무가 있었는데 그중에서 생명나무는 하나님을 우리에게 공급하기 위해서 있었던 것이라네. 우리가 만일 생명과를 먹었더라면 하나님이 생명나무를 통해서 가지인 우리에게 생명을 공급하셨을 것이고, 우리는 하나님을 나타내는 사람이 되었을 것이네. 그러나 우리가 선악과를 먹었기 때문에 하나님이 공급되지 않고 사탄이 공급되었네. 그래서 사람은 하나님을 표현하지 못하고 사탄을 표현하는 존재가 되고 말았네. 나무는 중보를 위해서 있다네. 생명나무도 포도나무도 모두 중보를 위해서 있다네. 그리스도는 하나님과 사람의 중보자이시네. 그를 통해서 사람이 하나님께로 가기도 하고 하나님이 그를 통해서 오시기도 한다네.

나성도:

나무는 무엇인가요?

테스형:

나무는 가지와 뿌리가 만나는 곳이네. 그래서 나는 포도나무라고 말씀하셨다네. 그리스도는 하나님과 사람 사이의 중보자라네. 뿌리는 눈에 보이지 않아 없는 것 같다네. 그리고 나무는 죽은 것 같다네. 포도나무를 보면 전혀 살아 있는 것 같지 않고 죽은 것 같다네. 살아 있는 것 같이 보이는 것은 가지밖에 없네. 뿌리도 나무도 살아 있는 것 같지 않다네. 지금도 마찬가지라네. 하나님은 눈에 보이지 않고 아들이신 예수님은 죽고 없다네. 그런데 가지인 우리만 살아서 열매를 맺고 있다네. 이것은 뿌리와 나무가 숨어서 살아 있기 때문에 열매를 맺는 것이라네. 가지 스스로 열매를 맺을 수 없네. 어떤 사람은 교회에 와서 가지만 하나 잘라 가려고 한다네. 그러나 가지만 잘라 가면 열매를 맺을 수 없다네.

나성도:

기독교가 왜 타락하게 되었나요?

테스형:

초대 교회에 있었던 어떤 열매를 보고 그 열매를 모방하려고만 했기 때문이네. 그 나무에 붙어 있지 않고 그 열매를 모방했기 때문에 처음에는 잘되는 것 같았지만 갈수록 죽은 열매밖에 나오지 않았다네. 그것이 오늘날 기독교를 불행하게 만든 결과가 되었다네. 나무에 붙어 있지 않는 가지는 열매를 맺을 수 없다네. 성경에서 초대 교회 형제자매들은 서로 사랑했고 서로 모여 기도했다는 것을 보고 우리도 모여서 기도하자, 우리도 서로 사랑하자, 초대 교회에서 침례를 했으니까 우리도 침례를 베풀자, 초대 교회에서 성찬을 했으니까 우리도 성찬식을 하자라고 생각했던 것이라네. 그러나 그런 식으로 한다고 해서 그 결과가 나오는 것이 아니라네. 모양은 같아도 결과는 다르네. 열매는 죽은 것 같은 나무에서 교통이 되고 중보가 되어서 나타나는 것이기 때문이지. 죽어 있는 것 같은(계 5:6) 그 나무에 붙어 있지 않으면 열매를 맺을 수 없네.

나성도:

포도나무는 하나님과 사람 사이의 중보(仲保)이신 그리스도라는 말씀이 네요?

테스형:

포도나무를 보면 십자가에 못 박힌 예수님과 똑같다는 것을 알 수 있네. 아무것도 없어서 죽은 것 같이 보이는 것이 포도나무네. 다른 나무에 비해서 포도나무를 보면 죽은 것 같다네. 그런데 가지는 거기에 붙어서 열매를 맺는다네. 십자가에 못 박힌 예수, 세상으로부터 버림받은 예수, 쓸모없다고 내팽개쳐서 버린 돌이 하나님과 우리 사이를 중보하는 모퉁잇돌이요 생명의 중보라네. 십자가는 하나님과 우리 사이를 중보하는 다리네. 세상으로부터 버려진 그분에게 붙어 있으면 우리는 열매를 맺는다네. 그가 죽으신 것과 같이 나도 죽고 그가 죽음 안에서 발견된 것과 같이 나도 발견되면 기이하게도 나에게 열매가 맺힌다네. 우리가 '나도 저분과 함께 죽었구나. 십자가로 죽을 때 나도 함께 죽었구나'라고 알고 나면 이상하게 새 가지에 열매가 열린다네. 그러므로 그 나무에 붙어 있어야 한다네. 생명나무에 포도나무에 십자가라는 나무에 붙어 있어야 우리가 열매를 맺게 된다네. '나는 참 포도나무요 내 아버지는 농부라, 나는 포도나무요 너희는 가지'라고 하셨다네. 농부와 포도나무와 가지라는 것이네. 농부는 뿌리라네. 뿌리에서 나무로 나무에서 가지로 공급되는 동안에 포도가 열린다네. 가지는 꼭 나무에 붙어 있어야 하네. 우리가 포도나무에 붙어 있으면 포도를 맺게 될 것이고, 감나무에 붙어 있으면 감을 맺게 될 것이고, 엉겅퀴에 붙어 있으면 엉겅퀴가 열릴 것이네. 어느 나무에 붙어 있느냐에 따라서 열매가 다르다네.

전기는 전선을 통해서 흐르지. 전선이 없이는 전기가 들여올 수 없고, 나무
가 없이는 진액이 가지에 흘러올 수 없네. 이와 같이 그리스도가 없으면 하
나님으로부터 아무것도 들어올 수 없네. 그렇기 때문에 그리스도는 공급
의 통로가 되는 것이라네. 그리스도는 하늘에 있는 모든 것을 우리에게 공
급하는 통로라네. 그러므로 하늘의 것을 알고 하늘의 사정을 알려면 그리
스도가 있어야 한다네.

27. 참 성전은
그리스도의 몸인 교회

나성도:

참 성전이란 무엇인가요?

테스형:

성전을 보면 중심부에는 지성소가 있고 그다음은 성소가 있고 바깥에는 바깥마당이 있고 뜰이 있다네. 이것은 바로 사람의 모형이네. 하나님이 있는 사람의 모형이네. 바로 이 사람이 그리스도이시네. 하나님이 있는 사람이 그리스도네. 여기서 우리가 아담을 자세히 보면, 바로 이 아담이 뿌리부터 말라 버린 사람이라는 것을 볼 수 있다네. 그 나무의 뿌리는 곧 생명이네.

나성도:

성전의 뿌리는 무엇인가요?

테스형:

그것은 곧 지성소라네. 지성소 안에 있는 법궤라네. 아담에게는 이미 하나님의 말씀이 없네. 아담은 뿌리부터 말라 버린 무화과나무라네. 아담은 죽어 버린 사람이지. 네가 이것을 먹으면 반드시 죽으리라(창 2:17) 하셨다네. 사람은 하나님이 없으면 죽은 사람이네. 살았다는 이름은 있으나 실상은 죽은 자(계 3:1)라네. 잎은 무성하지만 죽은 자라네. 예루살렘에 있는 성전은 뿌리부터 마른 성전이고 아담도 뿌리부터 마른 사람이네. 성전이 강도의 굴혈인 것처럼 아담도 강도의 소굴이네. 아담이 강도의 소굴이기 때문에 성전도 역시 그럴 수밖에 없다네. 사람이 그러면 교회도 역시 그럴 수밖에 없네. 새로운 성전은 그리스도의 몸인 교회라네. 이스라엘 성전은 낡은 성전이 되고 말았네. 거기서는 더 이상 열매가 열릴 수 없게 되었네. 뿌리부터 말랐다는 것은 이스라엘이 뿌리부터 말랐구나, 참 이스라엘이 다시 와야 하겠구나 하는 것을 보여 준다네. 참 이스라엘 그것이 바로 교회라네. 오늘 그리스도의 몸은 교회라네. 하나님의 몸이 되어야 할 이스라엘이 실패했기 때문에 이제는 그리스도의 몸인 교회가 참 이스라엘이네. 교회는 옛날처럼 돌로 지을 수 없고, 아담으로 지을 수 없네. 교회는 오직 그리스도로만 지을 수 있다네. 교회는 그리스도 자신이네. 그리스도 자신으로 세워진 것이 바로 교회라네.

나성도:

교회를 만들 수 있다고 생각하는 사람들이 많은 것 같은데요?

테스형:

그리스도가 교회가 되는 것이지 교회를 절대로 만들 수 없네. 가장 좋은 교회를 만든다고 해도 안 된다네. 가장 좋은 교회, 이런 모순도 없애고 저런 모순도 없애고, 모든 모순을 다 없애버린 어떤 교회를 만들자고 해도 안 된다네. 생명은 그렇게 만들 수 없다네. 그 생명이 그 몸을 만들어 낸다네. 주님 자신으로 밖에는 교회가 될 수 없네. 주님 자신의 증가, 그것만이 교회의 증가이고 교회의 확장이라네.

나성도:

어떻게 하면 좋은 교회를 만들까 생각하고 실천한 결과가 오늘의 교회들이 아닌가요?

테스형:

그러나 교회는 만들 수가 없네. 그리스도가 바로 교회라네. 그리스도 자신이 곧 교회이고, 그리스도 자신의 증거가 바로 교회라네. 성전을 폐한 이유는 그리스도가 없었기 때문이네. 아무리 교회 건물을 잘 지어 놓아도 거기에 그리스도가 없으면 교회가 아니네. 그리스도가 바로 교회이기 때문이지. 우리 안에 그리스도가 증가한다면 교회가 증가하게 될 것이고, 우리 안에 그리스도가 풍성하다면 그리스도가 풍성해질 것이네.

28. 무슨 권세로

나성도:

예수님의 권세는 어디에서 온 것일까요?

테스형:

예수님께서 예루살렘에 들어가시니 서기관들과 장로들이 나와서 하는 말이 "네가 무슨 권세로 이런 일을 하느냐"라고 물었는데. 성전에서 가르치는 일을 하려면 어떤 권세를 누가 주어야 한다네. 대제사장들이나 서기관들과 장로들은 율법에 따라서 임명된 사람들이지. 그런데 예수님은 그런 것이 전혀 없는 사람이셨네. 그래서 누가 이런 일을 하라고 하였느냐고 예수님께 물었다네.

나성도:

예수님께서는 어떻게 대답하셨나요?

테스형:

그러나 예수님께서는 그들에게 '나도 너희에게 한 말을 물으리니 대답하라' 하시면서 세례 요한의 권세는 '하늘로서냐? 사람에게로서냐?' 하고 질문하셨네. 그들은 예수님의 이 질문에 대답을 하지 못했다네. 그러자 예수님께서는 "나도 무슨 권세로 이런 일을 하는지 너희에게 이르지 아니하리라" 하셨네. 이 사람들은 예수님의 권세가 어디서 왔는지 도저히 알 수 없는 사람들이네.

나성도:

그러면 예수님의 권세가 어디서 왔는지 알 수 있는 사람들은 어떠한 사람들인가요?

테스형:

새로운 눈이 아니면, 다른 관념이 아니면 이 권세가 어디서 왔는지 모른다네. 예수님의 권세는 어디서 온 것일까? 그것은 하나님과 사람이 연합된 권세네. 하나님이 예수란 사람에게 특별한 어떤 임명장을 준 것이 아니고 하나님과 사람의 연합으로 말미암아 나타난 권세라네.

나성도:

참 권세는 하나님과 사람이 어떻게 연합되는가에 달려 있겠네요?

테스형:

하나님과 우리 사이에는 우리가 하나님과 어떻게 연합하는가에 따라서 빛이 나기도 하고 빛이 나지 않기도 한다네. 자기 자신에게서 만일 빛이 나지 않는다면 그것은 연합이 안 되었기 때문이네. 다른 이유는 없네. 하나님이 자기를 미워해서 그런 것이 아니고. 하나님이 자기를 버려서도 아니네. 그것은 초가 완전히 타지 않아서라네. 타기만 하면 바로 된다네. '하나님 어째서 나에게는 이렇게 안 주십니까? 왜 안 주십니까' 하고 물으면 하나님이 무어라 대답하시겠는가? '온전히 타라. 확실히 타라'라고 하실 것이네. 무슨 권세로 이런 일을 하느냐? 이렇게 묻는 이 사람들은 얼마나 표면적인 사람들이며 종교적인 사람들인지 알 수 있다네. 예루살렘 안에는 종교적인 모든 것이 다 있다네. 무화과나무에 잎사귀가 무성했던 것처럼 예루살렘 안에는 모든 것이 무성하다네. 그렇지만 그런 모든 것들은 열매가 되지 못했다네. 우리는 새로운 눈이 필요하고. 죽고 다시 난 눈이 필요하다네. 그래야만 새로운 세계가 보인다네.

나성도:

하나님과 사람의 연합은 어떠한 방법으로 이루어지나요?

테스형:

하나님과 우리의 연합은 아주 신비한 방법으로 연합된다네. 우리가 그 안에 가서 죽든지 그가 우리 안에 와서 죽든지 둘 중의 하나네. 그래야 연합이 된다네. 그렇게 되려면 어떻게 되어야 하는가? 십자가에서 죽고 다시 나오지 않으면 안 된다네. 다시 산 사람이 아니고는 그렇게 되지 않는다네. 그러므로 이것이 완전한 연합이고 완전한 권세라네. 연합되면 연합된 만큼 권세가 있다네. 이 연합이 없으면 절대로 권세가 될 수 없네.

나성도:

예수님께서 제자들을 십자가까지 꼭 데리고 가야 하는 이유가 있나요?

테스형:

그 길을 통과하지 않으면 그 권세가 나오지 않기 때문이네. 우리도 예수 그리스도의 과정을 겪지 않으면 안 된다네. 그것이 바로 영광으로 가는 길이라네. 세상적인 관념으로 볼 때는 그것이 망하는 길이지만 영적인 관점 안에서 볼 때는 영광의 노정이라네. 이 노정을 피한다면 다른 길로 가버리고 만다네. 다른 열매를 맺을 수밖에 없게 된다네. 최초의 아담이 바로 그 영광의 노정을 이탈해서 치욕의 노정으로 갔다네. 그래서 아담에게서 나온 것은 변명과 부끄러움뿐이네. 생명의 노선으로 영광의 노선으로 간 사람은 변명이 없네.

29. 무슨 권위로

나성도:

참된 권위는 어디서부터 나오는 것인가요?

테스형:

마가복음 12장 포도원의 비유에서 주님께서는 권위가 어디서 나오는가를 말하고 있다네. 주인이 포도원을 만들어 놓고 종들에게 맡기고 갔는데 그 소출을 얻기 위하여 종들을 보냈다네. 그랬더니 그 종들을 때리고 능욕하고 혹은 죽였다네. 마지막으로 아들을 보냈더니 이는 상속자니 죽이자 하고 아들을 죽여서 포도원 밖으로 내던졌다고 말하고 있네. 여기서 이 종들의 위치는 어디에 있는가? 그들은 종으로서의 신분을 지키고 감사하는 것이 아니라 주인이 되려고 했다네. 그러면 권위가 나올 수 없네. 권위는 어디에서 나오는 것인가? 내 위치가 정확하면 정확한 만큼 권위가 나오고 내 위치가 정확하지 않으면 권위가 나오지 않는다네. 종은 주인이 있어야 권위가 나오고 아들은 자기 아버지가 있어야 권위가 나오게 된다네. 사람은 하나님이 있어야 권위가 나오게 된다네.

나성도:

하나님 앞에서 우리의 위치는 어디인가요?

테스형:

우리는 하나님 앞에서 항상 2인자네. 하나님이 있고 난 다음에 사람이 있으므로 사람은 영원히 2인자라네. 그 2인자 안에서 우리의 자리는 확고하고 그 2인자 안에서 우리의 위치는 견고하다네. 이것이 만약 없으면 우리의 위치는 없어져 버린다네. 1인자로서의 우리의 위치는 없네. 예수님께서 왜 권위가 있는가? 그는 아들이기 때문에 권위가 있네. 영원한 아들이기 때문에 권위가 있네. 요한계시록에 보면 하나님의 권세가 어린양을 통해서 나타난다고 말하고 있다네. 하나님의 권위는 사람을 통해서 드러난다네. 우리는 하나님의 권위를 드러내기 위한 아들이고 하나님의 권위를 드러내기 위한 그릇이네. 우리는 권위 자체가 아니고 우리를 통해서 하나님의 권위가 드러나면 우리에게서 권위가 표현된다네. 비록 우리에게서 권위가 드러난다 해도 그것은 하나님으로 인해서 일어나는 권위라네. 등은 분명히 우리에게 빛을 비춰주고 있다네. 그렇지만 빛 자체는 등에 속한 것이 아니네. 당장이라도 전기가 끊어져 버리면 빛은 없어지고 만다네. 전기와 등의 관계는 아버지와 아들의 관계와 마찬가지이고 하나님과 사람의 관계와 마찬가지네.

나성도:

세상의 권위와 하나님 나라의 권위는 어떻게 다른가요?

테스형:

세상에서는 무엇인가 더해야 권위가 있다네. 고등학교 졸업장에 대학교 졸업장을 더해야 권위가 있네. 빼면 권위가 없어지지. 대학교 졸업장을 빼면 권위가 좀 줄어들고, 고등학교 졸업장 빼 버리면 또 줄어들고, 군수 발령장 빼 버리면 또 줄어든다네. 그런데 하나님 나라에서는 이것들을 빼 버리면 하나님 권위가 드러난다네. 이것들을 빼 버리고 나면 무엇이 남는가? 오직 인생만 남게 된다네. 빼면 뺄수록 사람이 더 분명하게 드러난다네. 사람이 더 분명하게 될수록 하나님의 권위가 드러난다네. 우리가 흙으로 지어졌다는 사실을 안다면 그만큼 권위가 드러날 것이고, 내가 십자가에서 죽은 사람이라는 것을 안다면 그만큼 권위가 드러나게 된다네. 우리 자신이 아무것도 아닌 줄 안다면 그만큼 권위가 드러난다네. 교회 생활 안에서 누가 권위가 있느냐 하는 것은 남을 얼마만큼 인정하느냐에 달렸다네. 근원적으로 하나님을 얼마만큼 인정하느냐에 달렸다네. 하나님을 알면 알수록 나는 흙으로 발견된다네. 그런데 이상하게도 반대로 나타나는 것은 권위라네. 이것이 비밀이네.

나성도:

참 권위란 어떤 것인가요?

테스형:

예수님은 아무것도 지키고 있지 않다네. 그러나 그는 참 권위가 있다네. 이것이 그리스도의 권위이고 사람의 권위고 인자의 권위네. 우리는 지킬 것이 아무것도 없는 사람으로 알아야 한다네. 내 자존심도 지킬 것이 없다네. 자존심을 내가 갖는다고 해서 높아지는가? 그렇지 않다네. 내가 하나님 앞에 공개된 사람인데 무엇을 지키겠는가? '주여! 내가 여기 있습니다' 하고 내놓듯이 사람에게도 '나는 이것입니다' 하면 아주 쉽고 편하고 안식이 된다네. 그것이 권위가 된다네. 그렇게 안 되는 것이 바로 세상이네. 아무것도 없는 것을 붙잡고 있는 사람과 아무것도 없는 것을 알고 인정하는 사람이 만나면 누가 승리자가 되겠는가? 예수님의 승리, 그것은 바로 여기에 있다네. '무슨 권세로 이런 일을 하느냐?' 그는 아무 권세도 없다네. 그러나 권위가 있다네. 아무 직책도 없다네. 그렇지만 권위가 있다네. 이것이 바로 하나님 권위이고 하나님 권세라네. 하나님이 직책이 있는 분인가? 하나님은 아무 직책도 없다네. 그렇지만 우리에 대해서 영원히 권위 있는 분이시네.

30. 나는 죽고 그리스도만

나성도:

우리가 일생을 살고 남길 것은 무엇인가요?

테스형:

우리가 일생을 살고 남길 것은 그리스도뿐이네. 무엇을 해도 남을 것은 이 것밖에 없네. 그것밖에 나올 것이 없는 줄 알기 때문에 간단하다네. 그러나 또 무엇을 남길 수 있다고 생각하면 복잡하다네. 내가 업적을 남긴다든지 이익을 남긴다든지 생각하면 복잡해진다네. 하나님께서 인류에게 영원히 남겨 준 것은 그리스도밖에 없네. 그리스도만 영원히 존귀하게 될 것이라 네. 일은 역사이기 때문에 지나간다네. 좋은 일도 지나가고 나쁜 일도 지나 가고 다 지나가 버린다네. 우리의 과거 역사를 생각해 본다면 별별 것이 다 있었네. 인류 역사 가운데 별의별 것이 다 있었는데 그것이 다 지나가 버리 고 남는 것이 없고 빈껍데기만 남아있다네.

나성도:

우리에게서 영원히 남아야 할 것은 무엇인가요?

테스형:

우리에게서 그리스도가 남는 것이 영원하다네. 예수님으로 말미암아 남는 것은 영원하다네. 우리는 계속 그를 계승하면서 그를 영원히 더 크게 남겨 야 하고 더 영화롭게 남겨야 한다네. 그러면 아주 간단해지고 단순해진다 네. 다른 할 일이 아무것도 없는 것 같은데 모든 것을 할 수 있는 사람이 된 다네. 사탄은 어떻게 해서든지 사람을 이용해서 기독교 문명만을 남겨 놓 으려고 한다네. 그러나 하나님은 그리스도를 낳게 하여 그 나라가 되게 하려 한다네. 우주 안에 이 싸움이 있네. 우리는 그리스도를 남기기 위한 전사로 그 싸움에 부름을 받았네. 이것이 부활의 세계라네. 우리는 이 세계를 위해서 싸워야 하고 이 세계를 위해 살아야 한다네. 이 세계를 위해서 우리 자신을 드리지 않으면 안 된다네. 우리의 목표는 분명하게 하나님께 나를 드리는 것이라네. 그리스도를 남기기 위해서 나를 드리는 것이네. 그것이 우리의 참된 헌신이고 참된 예배네. 세상은 발전하고 물질은 발전하고 있는데 그리스도는 발전하지 못한다네. 우리는 이것이 심각한 전쟁이라는 것을 알아야 한다네. 하나님과 사탄 사이에 있는 중요한 전쟁이네. 우리가 그리스도를 위해서 살아야 할 이유가 바로 여기에 있다네. 우리 안의 그리스도가 더욱 개발되기를 원한다네.

나성도:

그리스도를 개발하기 위하여 우리가 할 일은?

테스형:

세상은 발전하고 물질은 발전하고 있는데 그리스도는 발전하지 못한다네. 우리가 그리스도를 위해서 살아야 할 이유가 바로 여기에 있네. 우리 안의 그리스도가 더욱 개발되기를 원하네. 과학 문명이 발전하기 위해서 인류는 무한한 투자를 했네. 어떤 사람은 곤충의 다리 하나를 평생 연구한다네. 그 것을 평생 연구하고도 보람 있게 생각하네. 하물며 우리가 그리스도를 연구하는데 그보다 더한 것을 투자해야 되지 않겠는가? 곤충 다리 하나를 연구하느라 평생을 사는 사람도 있는데 우리의 만족이고 인류의 소망이신 그리스도를 알아내는 데 우리의 모든 것을 투자하는 것은 당연하지 않은가?

나성도:

구약시대 사람들은 하나님을 단지 우리가 계명을 잘 지키면 축복해 주고 지키지 않으면 벌을 주는 분 정도로 알았다고 보는데 신약시대에 사는 우리가 명심해야 할 것은 무엇인가요?

테스형:

구약시대처럼 하나님은 그 정도 아는 데서 그쳐 버리고 더 이상 나아가지 못한다면 하나님은 얼마나 답답하시겠는가? 하나님 자신은 그런 분이 아니시기 때문이네. 하나님 안에는 무한한 풍성함이 있다네. 그것이 개발되지 않으면 하나님은 하나님대로 손실이고 우리는 우리대로 불행이라네. 그런데 어떤 사람이 나와서 그보다 더 높은 차원의 하나님을 알게 되었다네. 예수 그리스도께서 오시니까 아주 온전하신 하나님을 알게 되었다네. 그래서 하나님을 아버지라고까지 부를 수 있게 되었다네. 옛날에는 아버지라 부르면 불경죄에 해당되었다네. 그런데도 죽음을 무릅쓰고 아버지라고 불러도 되는 분이 나타나셨다네. 이것이 얼마나 놀라운 일인가? 예수님이 아버지라고 할 때 죽음을 가지고 말씀하셨다네. 자기가 살려고 했다면 아버지라고 부르지 못한다네. 만일 예수님께서 하나님을 아버지라고 부르지 못했다면 우리는 지금 하나님을 아버지라고 부르지 못한다네. 감히 어떤 사람도 아버지라고 부르지 못한다네. 우리는 우리 일생을 통해서 우리의 죽음을 통해서 하나님을 알아내지 않으면 안 된다네. 우리가 하나님을 참으로 온전하신 분으로 드러내지 못한다면 그다음 많은 사람이 온전하신 분을 맛보지 못하게 된다네. 그러나 우리가 더 풍성한 하나님을 개발해 내게 된다면 다음 사람들이 우리를 통해서 더 풍성하신 하나님을 경험하게 될 것이라네. 이 세상의 모든 사람이 하나님 안으로 흡수되기를 원하네. 지극히 자비로우신 하나님 안으로 흡수되기를 바란다네. 참으로 사랑의 하나님 안으로 흡수되기를 원한다네.